전국피구대회
우승 교과서

전국피구대회 우승 교과서

ⓒ 최수형, 정현수, 2020

초판 1쇄 발행 2020년 8월 4일

지은이   최수형, 정현수
펴낸이   이기봉
편집   좋은땅 편집팀
펴낸곳   도서출판 좋은땅
주소   서울 마포구 성지길 25 보광빌딩 2층
전화   02)374-8616~7
팩스   02)374-8614
이메일   gworldbook@naver.com
홈페이지   www.g-world.co.kr

ISBN   979-11-6536-638-4 (03690)

이 도서의 국립중앙도서관 출판예정도서목록(CIP)은 서지정보유통지원시스템 홈페이지(http://seoji.nl.go.kr)와 국가자료공동목록시스템
(http://www.nl.go.kr/kolisnet)에서 이용하실 수 있습니다. (CIP제어번호 : CIP2020030502)

전국 학교스포츠클럽 피구대회에서 연속 우승한 체육교사들의 비법

전국피구대회 우승 교과서

최수형, 정현수 지음

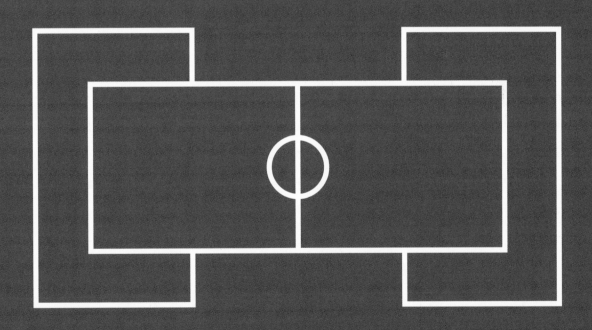

피구에 대한 훈련법, 전술, 대형, 웨이트 트레이닝법 등
모든 피구 지도법을 다룬 제대로 된 피구 교본

좋은땅

처음 아이들을 이끌고 피구대회에 출전했던 때가 기억납니다. 매 대회 우승을 목표로 하는 지금과는 달리 수없이 많은 경기에서 패배했던, 1승이 아주 소중한 팀이었습니다. 첫 출전 대회에서 패배의 쓴잔을 마시고 서럽게 울던 학생들을 보면서 저의 무능함 때문에 아이들이 울게 되었다는 생각에 마음이 묵직해졌습니다. 대회를 마친 후 다시는 우리 선수의 눈물을 보지 않겠다는 생각으로 피구 훈련법을 연구하기 시작했습니다. 책들과 논문을 찾아보며 훈련법을 정리하고, 연습이나 경기 영상을 분석하고 고민했습니다. 피구에 미쳤다는 얘기를 들을 만큼 노력하다 보니 어느덧 저희는 전국 학교스포츠클럽 피구대회에 3연속 우승(2017~2019)을 이룬 팀이 되어 있었습니다.

이 과정에서 많은 시행착오가 있었습니다. 피구 지도법을 다룬 교본이 없었기 때문에 맨땅에 헤딩을 하는 과정에서 발생하는 시행착오들을 그대로 받아 낼 수밖에 없었습니다. 만약 그때 제대로 된 피구 교본이 있었다면 지도자로서 겪게 되는 좌절을 겪지 않아도 됐을 겁니다. 피구를 사랑하는 모든 이들이 제가 겪었던 시행착오를 반복하지 않았으면 하는 마음으로 이 책을 썼습니다. 여러분들이 원하는 목표에 이 책이 조그마한 보탬이 되었으면 하는 바람입니다.

학교스포츠클럽은 경기 승패와 관계없이 즐기는 데 목적이 있을지도 모릅니다. 그러나 경기를 진정으로 즐기기 위해서는 실력이 뒷받침되어야 하고, 이것은 노력 없이는 결코 얻어지지 않습니다. 누군가 제게 피구의 교육적 가치를 묻는다면 저는 '노력의 소중함을 알게 해 준다'라고 말할 것입니다. 어떤 스포츠든 좋은 성과를 내기 위해서는 같은 동작을 수없이 반복해야 하며 이것은 반드시 지루함이 동반됩니다. 이것을 이겨 냈을 때 비로소 더 발전하게 되며 경기가 더 재미있고 비로소 즐길 수 있게 된다고 믿습니다. 즉, 남들과의 경쟁에서 이겨 내고, 나아가 우승의 기쁨을 누리고자 한다면 반복적이고 지루한 고통의 시간을 견디어 내야 합니다.

세상에 마법이란 존재하지 않습니다. 이 책만 보면 바로 전국 학교스포츠클럽 피구대회에서 우승할 수 있다면 좋겠지만 아쉽게도 그런 마법은 이 책은 물론 세상 어디에도 존재하지 않습니다. 이 책은 단지 어떻게 하면 효율적으로 지루한 반복과 고통의 시간을 보낼지에 대한 정보를 담은 안내서일 뿐입니다. 그러나 이 책에 안내되어 있는 반복과 고통을 이겨 낸다면 분명히 좋은 결과를 낼 수 있다는 것은 확신합니다. 그리고 이 과정을 경험해 본 학생들은 자연스레 노력의 소중함을 깨닫게 될 것입니다.

수많은 피구 지도자분들께 당부드릴 것이 있습니다. 많은 피구대회에 지도교사로 출전하면서 학생들에게 부정적 피드백과 심지어 욕설까지 하는 몇몇 지도자분들을 목격했습니다. 교사들의 그런 반응을 이해하지 못하는 것은 아닙니다만 우리는 학생들을 지도하는 교육자입니다. 그러니 우승보다는 학생이 우선이 되어야 합니다. 생각해 보면 저도 처음 피구를 가르칠 때 학생들에게 상처가 되는 말을 많이 했던 것 같은데, 그런다고 해서 좋은 결과가 따라오지는 않았습니다. 오히려 학생들과의 관계를 잘 형성했을 때 더 좋은 결과를 낼 수 있었습니다. 따라서 피구를 지도하면서 만나는 학생들에게 긍정적 피드백과 칭찬을 아끼지 않았으면 합니다. 학생과 교사 모두 피구에 대한 열정을 통해 만났으니 좋은 인연으로 평생을 함께하길 바라는 마음입니다. 교사가 남겨야 할 것은 우승이 아니라 학생이어야 하기 때문입니다.

이 책을 쓸 수 있게 해 준 마산무학여중, 마산무학여고 피구클럽 멤버들에게 진심으로 감사드립니다. 여러분들의 수많은 노력과 열정 그리고 부족한 두 선생에게 보여 준 무한한 신뢰를 평생 잊지 않고 살아가겠습니다. 또한 일일이 나열하기에는 너무나도 많은, 우리 학교에 계신 모든 분들의 도움이 있었기에 오늘이 가능했다고 생각합니다. 이 책에 제시된 피구 규정에 관한 내용은 대한피구연맹 김종태 회장의 저서 『피구지도안』(2009)에 빚을 졌습니다. 그리고 그림과 캐릭터 작업을 해 주신 김은별 일러스트 작가님께도 다시 한번 감사합니다. 마지막으로 지금 이 순간에도 피구를 위해 고민하고 계시는 많은 선생님들과 피구 지도자, 피구에 열정이 있는 학생들에게 응원의 말씀을 보내드립니다. 그리고 오늘도 더운 체육관에서 피구공을 던지고 있을 대한민국의 모든 피구반 학생들에게 응원의 말씀을 보냅니다.

지은이 최수형, 정현수

목차

우리가 우승할 수 있었던 이유

1. 교사의 열정

먼저 교사가 열정을 가지고 지도를 해야 합니다. 교사의 열정은 자연스럽게 학생들에게 전달이 되어 열정 가득한 팀이 만들어집니다. 밑의 6가지는 교사의 열정이 뒷받침되어야 가능한 것입니다.

2. 소속감 만들기

팀 이름, 팀 파이팅 구호를 만들고, 놀이공원, 물놀이 등을 함께하며 추억을 쌓고 라포를 형성하는 것이 중요합니다. 이러한 활동들이 팀을 하나로 뭉칠 수 있게 하는 원동력이 되었습니다.

3. 매니저, 팀닥터 운영

진로가 간호나 의대, 통계 계통의 학생을 스포츠매니저와 팀닥터로 선발하여 동영상 촬영 및 경기 분석, 피드백, 부상선수 치료 등의 활동을 하면서 진로와 스포츠클럽활동이 연계될 수 있도록 운영하였습니다.

4. 대회 경험과 연습 경기

지속적으로 여중과 여고가 경기를 했으며 다른 지역의 잘하는 학교와 친선경기를 통하여 팀의 부족한 부분을 보완하고 끊임없이 경기감각을 키울 수 있도록 지도하였습니다.

5. 학교스포츠클럽 활성화

학기당 한 번씩 교내스포츠클럽 피구대회를 실시합니다. 전교생이 자연스럽게 피구에 관심을 가지게 되고 피구를 좋아하는 분위기가 형성되며 대회에서 우수한 기량을 발휘하는 학생이 자연스럽게 피구부 활동을 할 수 있도록 하였습니다.

6. 방학 중 훈련으로 조직력 강화

여름방학과 겨울방학 때 학교에 나와 개인 연습과 팀 연습을 실시하고 부족했던 부분들을 다지는 시간을 가지면서 개인 실력과 조직력을 강화하였습니다.

7. 유스시스템 도입

여중과 여고가 친선경기와 합동훈련을 가지면서 자연스레 여중-여고로 이어지는 시스템이 정착되었고, 여중 또한 주변 피구부가 있는 초등학교를 찾아가 친선경기를 함으로써 피구를 즐기고 좋아하는 학생들이 중학교로 와서 피구부 활동을 하게 되는 초-중-고가 이어지는 유스시스템을 도입하여 운영하고 있습니다.

피구 10계명

1. 경기 초반 사이드 공격을 활용하라! 경기 초반에는 11명의 내야가 있기 때문에 사이드 공격에 취약할 수밖에 없고 상대가 아웃되고 나서도 공격권을 가지고 있어 공격을 지속할 가능성이 높습니다.	공격
2. 다양한 패스를 많이 사용하라! 첫째, 패스를 많이 사용하게 되면 상대는 경기 후반부에 체력과 집중력이 떨어집니다. 둘째, 빠른 패스는 상대방 움직임의 타이밍을 빼앗고 거리가 가까워져 상대방을 쉽게 아웃시킬 수 있습니다. 셋째, 바운스 패스는 상대방이 피하면서 무게중심이 흐트러지게 되고 이때를 노려 상대방을 쉽게 아웃시킬 수 있습니다.	공격
3. 공격권을 아껴라! 무리한 공격이나 집중력 부족으로 인해 공격권이 넘어가게 되면 우리 팀의 내야수가 아웃될 확률이 높아집니다. 그래서 외야수는 같은 팀 내야수의 방향으로 공격을 하고 내야수들은 외야수가 있는 방향으로 일자를 맞춰서 공격을 한다면 오랫동안 공격권을 유지할 수 있고 이것은 승리로 이어지게 됩니다.	공격
4. 경기 중 콜을 많이 해 주어라! 공격 시 심판의 손가락을 확인하며 패스의 수를 콜 해 주면 포패스 파울이 나올 확률이 줄어듭니다. 수비 시 상대편 외야의 위치를 콜 해 주면 수비하기가 수월해집니다.	공격 & 수비

5. 공격도 낮게, 수비도 낮게! 공격 시 공을 상대방의 무릎 아래로 낮게 던져야 상대방이 받기 힘든 공이 되고 아웃시킬 확률이 높아집니다. 수비 시 자세를 낮추어야 상대가 공격하는 공을 잘 피하거나, 잘 잡을 수 있습니다.	공격 & 수비
6. 타깃을 잡아라! 한 명씩 타깃을 잡아서 계속 공격을 할 경우 타깃이 된 상대는 쉽게 지치며 아웃시킬 수 있는 확률이 높아집니다. (단, 교사가 타깃을 지정할 경우 파울이 됩니다.)	공격
7. 시간을 보면서 공격 속도를 조절하라! 피구에서 5분은 길다면 길고, 짧다면 짧은 시간입니다. 이기고 있을 때는 최대한 침착하게 확실한 찬스를 만들어 공격하고, 지고 있을 때는 어떻게든 빠른 공격으로 짧은 시간 동안 유효한 공격을 많이 하여야 합니다.	공격
8. 대형을 유지하라! 피구에서 대형은 그 팀의 조직력과 이어집니다. 내야의 공격대형과 수비대형을 탄탄하게 짜 놓으면 공격 시 빠른 공격이 가능하고 공이 내야 뒤로 새지 않게 되며, 수비 시 상대의 공격에도 쉽게 아웃되거나 흔들리지 않게 됩니다.	공격 & 수비
9. 인터셉트(가로채기)를 활용하라! 인터셉트는 경기를 뒤집을 수 있는 비장의 무기라 생각하면 됩니다. 상대의 공격을 가로채어 공격을 무력화시키고 우리의 공격권을 최대한 많이 가져와 경기에서 이길 수 있는 확률을 높여 줍니다.	수비
10. 경기 규칙을 숙지하고, 파울을 줄여라! 피구의 경기 규칙은 교사뿐만 아니라 경기를 뛰고 있는 학생들 모두가 알고 있어야 경기가 원활하게 진행이 됩니다. 또한 파울의 횟수를 줄임으로써 공격의 기회가 더욱 많아지게 됩니다.	공격 & 수비

01.

경기 규정

스포츠 피구 인원은 총 12명으로 이루어져 있고, 경기 시작 시 외야수 1명, 내야수 11명이 위치하여 경기를 실시한다.

1) 피구 경기장

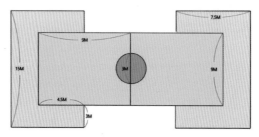

초등부 경기장

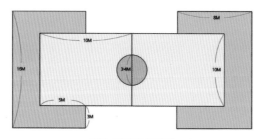

중등·일반부 경기장

2) 피구공

		초등	중등·일반
	색상	오렌지&블랙	오렌지&블랙
	사이즈	직경 190mm	직경 210mm
	무게	225g	280g
	적정공기압	0.125bar	0.130bar

3) 유니폼

유니폼은 상의를 공통된 색깔로 통일하여 입고 상의 앞과 뒷면에 각 선수마다 다른 번호가 있어야 한다. 유니폼이 없을 시 조끼로 대체하여 입는다.

4) 무릎보호대, 손가락보호대

- 무릎보호대: 무릎보호대는 무릎을 보호할 수 있는 스펀지 쿠션이 있는 것으로 착용하고 무릎보호대를 착용하지 않으면 경기에 참가할 수 없다.
- 손가락보호대: 손가락이 잘 삐거나 약한 선수들은 착용하고 경기에 참여한다.

5) 인도어화, 고글

- 인도어화: 피구는 실내 스포츠로 방향 전환이 많기 때문에 미끄러지지 않는 인도어화를 착용하고 경기에 참여한다.
- 고글: 안경을 쓰고 경기에 참여할 수가 없기 때문에 안경 위에 고글을 쓰거나 렌즈를 착용하고 경기에 참여한다.

다. 점프볼

- 경기 시작 시 경기장 중앙 센터서클에서 심판이 공중으로 던진 공을 터치하여 자신의 팀에게 패스하는 것을 말한다.
- 점프볼 후 터치된 공은 심판의 신호 없이 바로 공격이 가능하고, 점프볼 한 선수가 공격 또는 패스를 하거나 점프볼 한 선수를 맞추는 것은 반칙이다.

라. 공격

- 공격은 공을 가진 선수가 공을 던져 상대방을 맞추는 것인데 공이 노바운스로 상대방이 바로 맞아야 아웃이 된다.
- 공격은 상대방이 받거나 피하기가 어렵도록 낮고 빠르게 상대방의 무릎 아래를 공격한다.

마. 수비

- 수비는 상대방이 던진 공을 잡거나 피하는 것인데 자세를 낮추고 있어야 공을 더 쉽게 잡고 피할 수 있는 동작을 빠르게 할 수 있다.
- 수비는 대형을 맞추어 움직여야 하며 대형 없이 피하고 움직이는 동작을 한다면 더블아웃이 빈번하게 일어나고 서로 부딪혀 부상의 위험이 높다.

바. 패스

- 패스는 내야수와 외야수가 공을 던져 주고받는 것이다.
- 내야수와 내야수, 외야수와 외야수끼리는 패스를 주고받을 수 없다(더블패스 파울).
- 패스는 빠르고 정확하게 던져야 하며 연속 4번을 패스하면 포패스 파울이 된다.
- 낮고 빠르게 던져 공격하여도 상대의 진로에 아무런 영향을 주지 않으면 패스로 간주한다.

02.

피구 기초기능

가. 던지기
나. 받기
다. 피하기

1) 오버핸드 던지기

① 던지는 방법

- 공을 머리 위에서 아래로 내려찍듯이 던지는 방법이다.
- 손가락 끝으로 공을 찍어 누르듯이 던지고 공을 던지고 나서 대각선 아래 방향으로 팔로 스로를 한다.
- 한 발을 길게 앞으로 내딛고 무게중심을 뒤에서 앞으로 이동시키면서 던지기를 한다.

② 장점

- 공을 가장 세게 던질 수 있는 방법이다.
- 던지고 나서의 이어지는 연결동작이 빠르다.
- 멀리 있는 상대방에게 정확하게 던질 수 있는 방법이다.

③ 단점

- 공을 제대로 던지기까지 많은 연습이 필요하다.

2) 사이드핸드 던지기

① 던지는 방법

- 공을 허리 높이 몸 뒤쪽에서 옆으로 몸을 돌리며 회전하여 던지는 방법이다.
- 손목을 굽혀서 공을 말아 쥐고 팔꿈치를 펴서 회전을 크게 하여 던진다.
- 한 발을 길게 앞으로 내딛고 무게중심이 뒤에서 좌나 우로 이동하면서 던진다.
- 몸의 중심위치에서 공을 던지면 정확하게 던질 수 있다.

② 장점

- 초보자들이 공을 세게 던질 수 있는 방법이다.
- 상대방이 공의 위치를 예측하기 힘들어 쉽게 잡히지 않는다.

③ 단점

- 정확하게 던지기까지 많은 연습이 필요하다.
- 던진 다음, 연결동작에 대한 시간이 필요하다.

3) 보우스핸드 던지기

① 던지는 방법

- 공을 양손으로 잡고 머리 뒤에서 앞으로 던지는 방법이다.

- 팔꿈치를 굽혔다가 펴면서, 상체는 뒤에서 앞으로 숙이면서 던진다.

- 한 발을 길게 앞으로 내딛고 무게중심을 뒤에서 앞으로 이동하면서 던진다.

② 장점

- 초보자들이 정확하게 공을 던질 수 있는 방법이다.

- 가까이 있는 상대방을 빠르게 맞힐 수 있는 방법이다.

③ 단점

- 공의 세기가 약하다.

- 상대방에게 잡히기 쉽다.

1) 몸으로 받기

① 받는 방법

- 날아오는 공을 몸 중심과 맞춰 공을 감싸 안듯이 받는다.
- 공을 감싸 안을 때에는 상체로 공을 누르면서 자세를 낮추며 받는다.
- 공이 몸에 맞고 튀지 않도록 양팔의 간격이 많이 벌어지지 않게 한다.
- 낮게 날아오는 공은 한쪽 또는 양쪽 무릎을 굽히면서 받는다.

② 장점

- 초보자들이 안전하게 공을 받을 수 있는 방법이다.
- 낮게 날아오는 공을 안정적으로 받을 수 있다.

③ 단점

- 공을 받은 다음 연결동작이 느려 수비적인 받기이다.
- 자신의 몸 쪽으로 오는 공만 받을 수 있다.

2) 손으로 받기

① 받는 방법

- 공을 양손만 이용해서 받는 방법으로, 가슴 위로 오는 공을 받을 때 많이 쓰는 방법이다.
- 받기 전 양손을 이마 앞에서 삼각형 모양으로 만들고 손으로 공을 받는 순간 손가락을 펼치
  고 손바닥으로 공을 감싸며 받는다.
- 높게 날아오는 공을 받을 때 양팔을 위로 뻗어서 받거나 점프하여 손으로 받는다.

② 장점

- 공을 받은 다음 동작이 빠르게 이루어질 수 있다.
- 자신의 몸(쪽)뿐만 아니라 옆과 위로 날아오는 공도 손을 뻗어 받을 수 있다.
- 받기 후 던지기가 한 동작으로 이루어져 공격적인 받기이다.

③ 단점

- 손으로만 공을 받기까지 많은 연습이 필요하다.
- 공이 빠지거나 놓치는 실수가 많다.

다. 피하기

1) 몸 돌려 피하기

① 피하기 방법

- 자세를 낮추고 몸을 옆으로 돌리며 공을 흘려보내듯이 피한다.

② 장점

- 피한 후 다음, 준비자세를 빠르게 잡을 수 있다.

③ 단점

- 몸을 확실히 틀지 않으면 스치며 아웃되는 경우가 많다.

2) 점프하여 피하기

① 피하기 방법

- 공 던지는 사람의 타이밍에 맞춰 점프하고 다리를 양쪽으로 뻗으며 피한다.

② 장점

- 아래로 내려찍는 공에 대해 확실히 피할 수 있다.

③ 단점

- 위로 던지는 경우에도 점프를 할 경우 아웃될 확률이 높다.
- 점프한 후, 다음 동작에 대한 준비가 늦다.

3) 엎드려 피하기

① 피하기 방법

- 자세를 낮추고 상대방이 공을 던지는 순간, 바닥에 손을 대고 빠르게 엎드린다.

② 장점

- 위로 빠르게 던지는 공에 대해 확실히 피할 수 있다.

③ 단점

- 머리를 맞아도 헤드어택에 해당되지 않고 아웃된다.
- 엎드린 후, 다음 동작에 대한 준비가 늦다.

03.

파울 규정

경기규칙에 위반되는 행위를 말하며, 반칙이라 한다. 파울 시 심판은 경기를 중단시키고 파울을 명한다.

1) 경기재개동작 파울

볼 아웃이나 심판 판정으로 경기가 중단되었다가 다시 시작될 때, 재개동작(양손으로 공을 머리 위로 드는 동작)을 취하지 않고 공을 던졌을 경우 심판은 경기재개동작 파울로 규정하고 상대 팀에게 공격권을 넘겨주게 된다.

2) 볼데드존 파울

아웃된 선수가 상대 팀의 내야 또는 외야 경기장을 밟고 가는 경우 파울로 규정하고 상대 팀에게 공격권을 넘겨주게 된다.

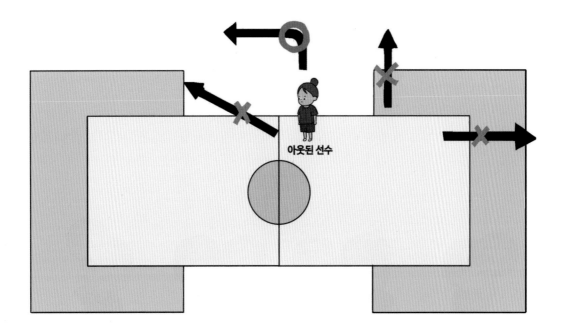

아웃된 선수

3) 오버라인 파울

경기 중인 선수의 신체 일부분이 코트라인에 터치될 경우 오버라인 파울이 된다. 파울 시 공격권을 넘겨주게 되거나 라인을 넘을 경우 아웃과 동시에 공격권을 넘겨주게 된다.

- 양발 또는 한발로 라인을 밟은 경우: 공격팀은 파울 즉시 공격권을 넘겨주게 되고, 수비팀인 경우는 어드밴티지를 적용하여 경기를 계속 진행한다.
- 양발이 라인을 넘은 경우: 공격팀은 아웃과 동시에 공격권을 넘겨주게 되고 수비팀은 아웃으로 처리된다. (외야코트의 경우 공격권을 넘겨주게 된다.)
- 한 발은 라인을 넘고 한 발은 떠 있는 경우: 내야코트 지면에 닿아 있는 부분이 없기 때문에 양발이 라인을 넘은 경우와 같다.

오버라인   오버라인   아웃   아웃

4) 포패스 파울

- 공격팀은 세 번의 패스 후에 네 번째 던지는 공을 상대의 몸 쪽으로 공격하지 않으면 포패스 파울이 되어 공격권을 넘겨주게 된다.
- 던진 공이 패스인지 공격인지 심판의 손가락을 보고 판단하고, 심판의 손가락이 세 개가 올라갔다면 그다음 던지는 공은 무조건 상대방의 몸 쪽으로 던져 상대 선수가 피하는 동작이 나와야 공격으로 인정된다.
- 공격한 공이 상대 수비수의 움직이는 진로에 아무런 영향을 주지 않으면 패스로 간주해 포패스 파울이 된다.

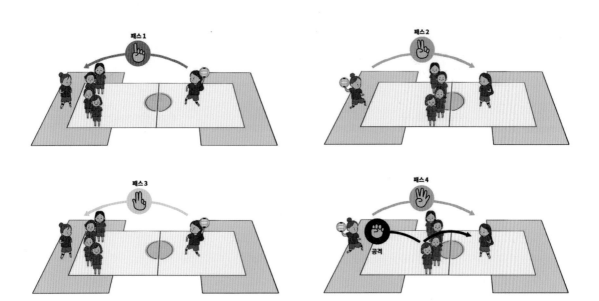

5) 홀딩 파울

- 상대 팀 코트에 구르고 있는 공, 멈춰 있는 공, 허리 높이 아래의 공을 가져올 경우 홀딩 파울
  이 되어 공격권을 넘겨주게 된다.
- 공이 라인에 조금이라도 터치가 되거나 라인 위에 떠 있는 공은 높이와 상관없이 어느 팀이
  든 가져올 수 있다.

구르고 있는 공　　　　**멈춰 있는 공**　　　　**허리 높이 아래의 공**

x　　　　　　　　x　　　　　　　　x

6) 인터페어 파울

- 상대 팀이 던진 공을 맞아 아웃된 선수가 공을 다시 잡거나 맞고 바운스된 공의 진로를 의도적으로 바꾸는 경우, 인터페어 파울이 되어 공격권을 넘겨주게 된다. (무의식적으로 공을 다시 잡은 경우는 발밑에 공을 내려놓으면 파울이 아니다.)
- 경기 중인 선수가 로빙볼을 던지는 등 시간 지연을 목적으로 플레이할 경우 인터페어 파울로 상대방에게 공격권을 넘겨주게 된다.

아웃된 선수가 공을 잡았을 경우

로빙볼을 던지는 경우

시간 지연 목적

7) 일리걸캐치 파울

발, 다리, 손 등을 이용하여 의도적으로 공의 진행 방향을 막거나 리프팅 또는 토스를 하여 공을 잡는 경우 일리걸캐치 파울로 상대방에게 공격권을 넘겨주게 된다.

발이나 다리를 이용해
일부러 공의 진행을 막는 경우

8) 시간초과 5초룰 파울

공을 소유하고 5초 이내에 공격 동작이 있어야 하며 5초 동안 공을 던지지 않을 경우 시간초과 5초 파울로 상대 팀에게 공격권을 넘겨주게 된다.

9) 더블패스 파울

- 내야는 내야끼리, 외야는 외야끼리 패스를 할 수 없고 외야에서 공격 시 상대편이 아무도 맞
  지 않고 같은 팀 외야가 공을 잡을 시에도 더블패스 파울이 된다.
- 같은 팀 선수에게 의도적으로 공을 전달할 목적으로 블로킹한 경우, 더블패스 파울로 상대
  방에게 공격권을 넘겨주게 된다.

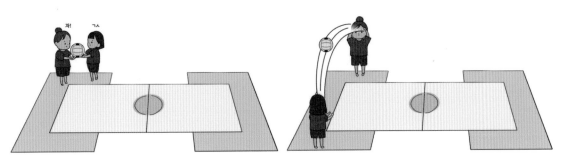

외야 ▶ 외야 더블패스   외야 ▶ 외야 사이드 더블패스

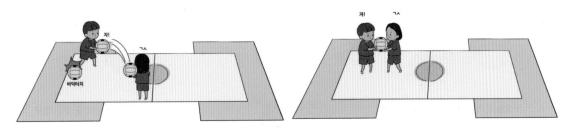

내야터치 ▶ 다른내야 더블패스   내야 ▶ 내야 더블패스

10) 헤드어택 파울

헤드는 얼굴을 포함한 머리 전체를 말한다. 무릎 높이 이상으로 공격자가 수비자의 머리를 맞출 경우, 헤드어택 파울로 상대 팀에게 공격권을 넘겨주게 된다.

단, 다음의 경우는 아웃으로 판정한다.

① 무릎 높이 아래에서 머리를 맞는 경우

② 수비자가 일부러 공에 머리를 맞는 경우

③ 손이 바닥에 닿은 상태에서 머리를 맞는 경우

④ 머리카락에 공이 스친 경우

⑤ 손이나 어깨를 맞고 머리를 맞는 경우

무릎높이 아래에서 머리를 맞는 경우

수비자가 일부러 공에 머리를 맞는 경우

헤드어택파울

손이 바닥에 닿은 상태에서 머리를 맞는 경우

머리카락에 공이 스친 경우

손이나 어깨를 맞고 머리를 맞는 경우

11) 터치더바디 파울

경기 중 상대 선수와 신체 접촉을 할 경우, 상대의 내야 또는 외야에게 공을 넘겨주어야 한다. 보통 점프볼을 할 때 많이 나오는 파울이다.

12) 플라잉탭 파울

경기 시작 시 점프볼이 정점에 오르기 전에 터치할 경우, 플라잉탭 파울로 상대 팀에게 공격권을 넘겨주게 된다.

13) 더블탭 파울

공중에 점프볼 된 공을 두 번 이상 터치하는 경우, 더블탭 파울로 상대 팀에게 공격권을 넘겨주게 된다.

14) 점프어택 파울

다음 두 가지 경우에 점프어택 파울이 되며, 파울 시 상대 팀에게 공격권을 넘겨주게 된다.

- 점프볼을 한 선수가 점프볼 한 공을 처음으로 잡은 경우
- 점프볼 후에 점프볼 한 상대방 선수를 첫 번째 던지는 공으로 맞추는 경우

점프볼 한 선수가 점프볼 한 공을 잡은 경우

점프볼 한 상대방 선수를 첫 번째로 맞추는 경우

15) 점프캐치 파울

점프볼 한 선수가 공중에 던져진 공을 치지 않고 잡을 경우, 점프캐치 파울이 되며 상대 팀에게 공격권을 넘겨주게 된다.

16) 테크니컬 파울

경기 중 심판 판정에 불복하고 욕설을 하는 등 스포츠맨십에 어긋나는 언행으로 경기를 지연시키는 행위를 할 경우, 테크니컬 파울로 경고를 받거나 퇴장을 당하게 된다.

04.

피구 공격대형

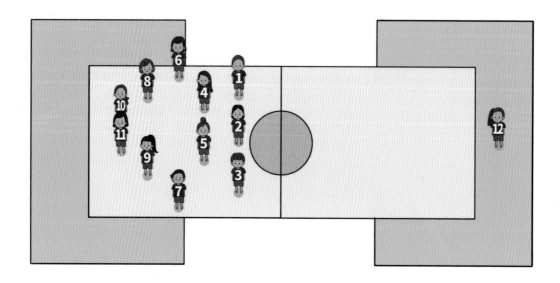

○특징

- ④, ⑤번 선수는 ①, ②, ③번 선수 사이로 오는 공을 캐치하여 바로 공격하기 때문에 공격 템포를 빠르게 가져갈 수 있다.
- 내야 3선을 타원대형으로 구성하여 공이 내야 뒤로 빠지는 경우가 적다.
- 3명의 선수가 센터라인 가까이서 공격하여 다양한 방향의 공격과 다양한 전술 구사가 가능하다.

○조건 및 상황

- ①~⑤번 선수는 던지기와 받기가 좋은 공격수를 배치하여야 한다.
- 공격대형에서 수비대형 전환 시 자신의 자리에 빠르게 위치하여야 한다.

> **TIP.**
>
> 공격 시 커버하는 선수들이 심판의 손가락을 확인하며 패스 숫자를 크게 세어 주면 포패스 파울이 나오지 않는다.

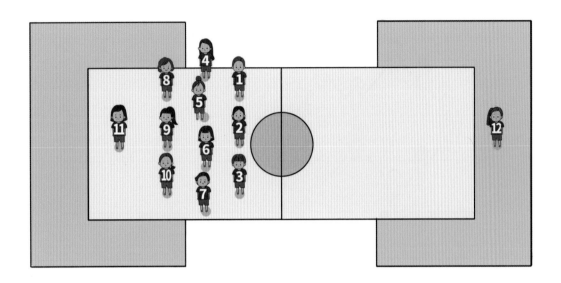

○ **특징(무학여중과 유사)**

- 무학여중과 비교해 ④, ⑦번 선수까지 외야수가 던지는 공을 커버하기 때문에 안정적인 플레이가 가능하다.

- 2선의 커버로 인해 내야 사이드로 공이 빠지는 경우가 적다.

- 3명의 선수가 센터라인 가까이서 공격하여 다양한 방향의 공격과 다양한 전술 구사가 가능하다.

○ **조건 및 상황**

- 무학여중과 동일

TIP.

⑪번 선수는 내야 가장 뒤에 위치하여 내야수들의 커버 대형 유지와 자세에 대한 콜을 하여 실수를 줄이는 역할을 한다.

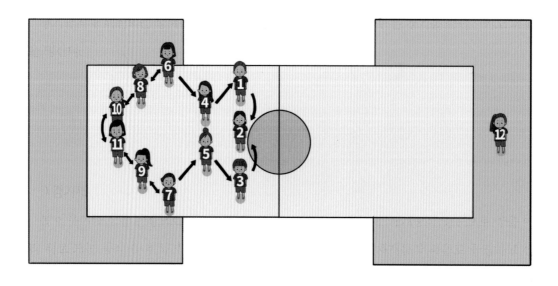

○특징

- 센터라인 쪽 공격수가 아웃될 시에는 옆과 뒤에서 앞으로 자리를 채워 주고, 뒤에서 공격을 커버하는 선수가 아웃될 시에는 개인 간격을 넓혀서 대형을 유지한다.

> **TIP.**
>
> 내야선수가 반 이상 아웃될 시에는 지도자의 재량에 따라 공격적(공격 중시) 또는 수비적 대형(커버 중시)으로 전환이 가능하다.

라. 무학여고 공격 포지션 커버

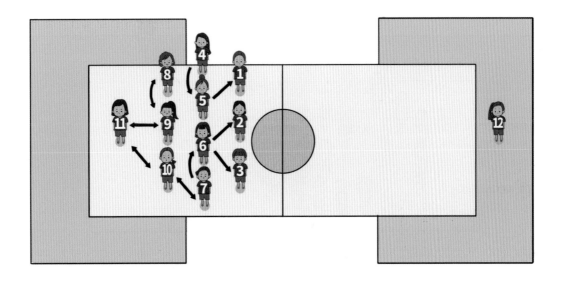

○특징

- 센터라인 쪽 공격수가 아웃될 시에는 뒤에서 앞으로 자리를 채워 주고, 뒤에서 공격을 커버
  하는 선수가 아웃될 시에는 개인 간격을 넓혀서 대형을 유지한다.

TIP.

선수 개개인의 실력과 특기를 고려하여 커버 순서는 얼마든지 바꿀 수 있다.

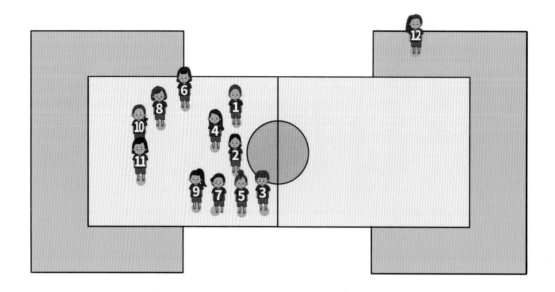

○특징

- ⑫번 외야수가 사이드로 이동하면 내야 센터라인 공격수들은 몸을 틀어 외야수와 일직선이
  되도록 한다.

- 내야 ③, ⑤, ⑦, ⑨번 선수는 외야수가 공격한 공이 내야코트 사이드로 빠지지 않도록 벽을
  만들어 공격을 계속 이어 나갈 수 있도록 한다.

- 내야 전체가 외야가 이동한 사이드와 대각선 방향으로 조금씩 이동한다.

※내야선수가 반 이상 아웃될 시에는 지도자의 재량에 따라 공격적(공격 중시) 또는 수비적
  대형(커버 중시)으로 전환이 가능하다.

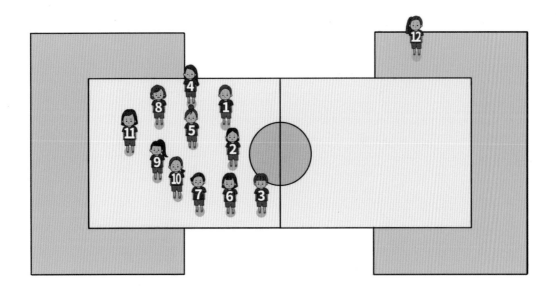

○특징(무학여중과 유사)

- ⑫번 외야수가 사이드로 이동하면 내야 센터라인 공격수들은 몸을 틀어 외야수와 일직선이
  되도록 한다.

- 내야 ③, ⑥, ⑦번 선수는 외야수가 공격한 공이 내야코트 사이드로 빠지지 않도록 벽을 만들
  어 공격을 계속 이어 나갈 수 있도록 한다.

- 내야 전체가 외야가 이동한 사이드와 대각선 방향으로 조금씩 이동한다.

※내야 선수들은 항상 외야 선수와 일직선을 만들어 주는 것이 중요하다.

05.

피구 수비대형

가. 무학여중 수비대형

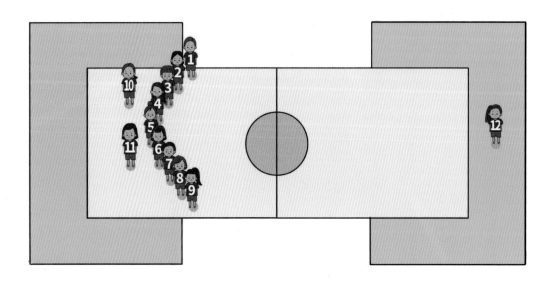

○**특징**

- ⑩, ⑪번 선수가 상대방 패스나 공격을 차단하는 역할(인터셉트)을 맡는다.
- 내야 선수들은 상대방 외야의 위치를 수시로 확인하며 콜을 해 준다.

○**조건 및 상황**

- ⑩, ⑪번 선수는 발이 빠르고 손으로만 캐치가 가능한 선수를 배치한다.
- 인터셉트하는 선수는 상대의 타깃이 되어 아웃될 확률이 높으므로 최대한 많은 선수들이 인 터셉트를 연습해 놓는 것이 좋다.

TIP.
내야 선수들이 상대 외야수의 위치를 콜 해 주면 내야 선수들의 준비동작이 빨라질 수 있다.

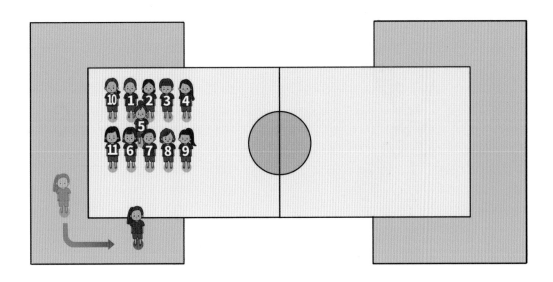

○특징

- 상대 외야수가 사이드로 이동 시에는 내야 수비대형을 넓게 펼치는 것이 아니라 두 줄로 짧
  게 겹쳐서 대형을 만든다.
- 대형이 길이가 짧아 상대 외야수는 팀의 공격수 방향으로 공격하지 못한다.
- 상대 외야수가 ⑥, ⑦번 선수 방향으로 공격하더라도 피할 경우 공이 나가게 되어 공격권을
  넘겨주게 된다.

TIP.

대형이 두 줄로 겹쳐 있다 보니 상대 외야수가 공이 나가는 것을 감수하고 공격할 경우, 더블아웃의
위험도 높아진다.

다. 무학여고 수비대형

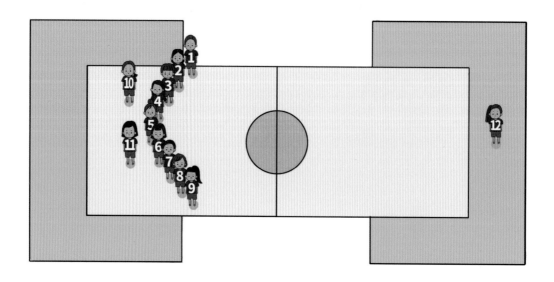

○**특징(무학여중과 동일)**

- ⑩, ⑪번 선수가 상대방 패스나 공격을 차단하는 역할을 맡는다.

- 내야 선수들은 상대방 외야의 위치를 수시로 확인하며 콜을 해 준다.

○**조건 및 상황**

- ⑩, ⑪번 선수는 발이 빠르고 손으로만 캐치가 가능한 선수를 배치한다.

- 인터셉트하는 선수는 상대의 타깃이 될 확률이 높으므로 최대한 많은 선수들이 인터셉트를
  연습해 놓는 것이 좋다.

TIP.

인터셉트하는 선수들은 팔을 뻗어 뒤에 있는 상대방 외야수의 시야를 가리면 상대의 패스미스 또는
캐치미스를 유도할 수 있다.

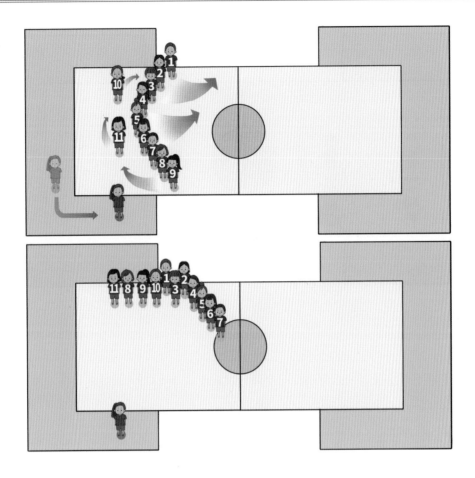

○특징

- 대형이 고정적으로 정해지지 않고 자유롭게 변형이 가능하다.

- 상대방 외야수가 사이드로 돌 때 반대편 사이드로 재빨리 이동한다.

- 사이드에 발이 빠른 친구를 배치한다.

○조건 및 상황

- 피구에 대한 어느 정도의 지식이 있고 숙련되었을 때 사용하여야 효과적이다. 처음에는 정해진 대형에서 연습을 하다가 변형을 가져가는 것이 혼란을 최소화시킬 수 있다.

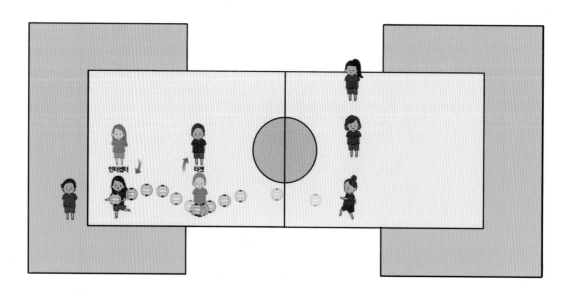

o**특징**

- 타깃이 된 선수는 공을 잡으려 하다 아웃되는 경우가 많다. 타깃이 되었을 때는 먼저 피하는 것을 목표로 재빨리 타깃이 된 존에서 벗어나야 한다.

- 인터셉트를 하는 선수는 타깃이 된 선수 뒤편으로 이동하여 상대 공격수가 던진 공을 차단하여 공격권을 가져온다.

o**조건 및 상황**

- 수비하는 내야수가 타깃이 되었을 때 상대방 공격수의 시야는 타깃이 된 선수로 좁혀져 타깃 선수 뒤에 인터셉트를 하는 선수가 오는 것을 보지 못하고 공격한다.

- 인터셉트를 하는 선수는 타깃이 된 선수가 피한 공을 바로 잡거나 바운스된 공을 차단한다.

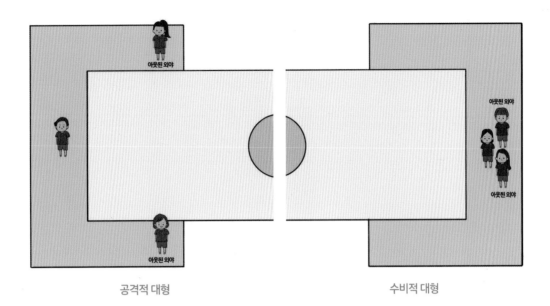

공격적 대형   수비적 대형

○특징

- 공격적 대형: 아웃된 선수는 외야의 사이드로 이동해 사이드에서의 공격을 준비한다. 내야
  에서는 패스할 수 있는 방향이 다양해졌기 때문에 상대를 아웃시킬 수 있는 확률이 높다.
- 수비적 대형: 아웃된 선수는 주 외야수의 뒤편에서 커버 역할을 한다. 외야수가 공을 놓치거
  나 패스미스가 된 공들을 잡아 주어 팀의 공격권을 이어 나간다.

06.

초급훈련

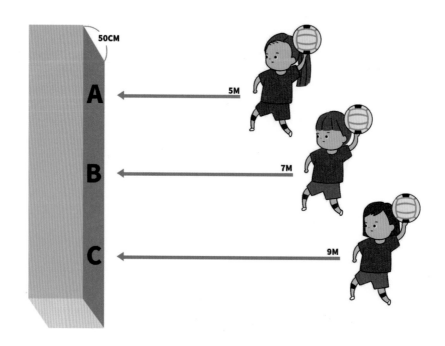

○ **훈련 방법**

거리를 달리하여 나무 박스의 표적을 맞히는 연습이다.

○ **훈련 효과**

공을 낮게 제구하는 능력과 거리를 달리하여 표적을 맞히는 능력이 향상된다.

○ **유의할 점**

던지는 사람은 절대 오버라인을 하지 않고, 나무박스 위로 날아가는 공은 상대 팀에게 잡히기 쉽다는 것을 인지한다.

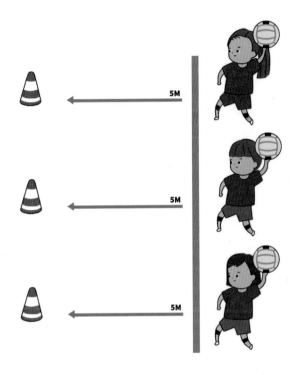

○ **훈련 방법**

일정한 거리에 있는 콘을 맞추는 연습이다.

○ **훈련 효과**

공을 낮게 제구하는 능력과 표적을 정확하게 맞히는 능력이 향상된다.

○ **유의할 점**

던지는 사람은 절대 오버라인을 하지 않고, 콘을 맞추기 위해서 공을 살살 던지지 않고 전력으로 던진다.

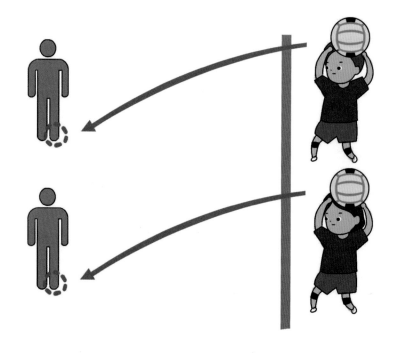

○ **훈련 방법**

사람과 비슷한 모형을 맞추는 연습이다.

○ **훈련 효과**

실제 사람과 비슷한 모형을 통하여 실제 게임에서 공격 성공률을 향상시킬 수 있다.

○ **유의할 점**

던지는 사람은 절대 오버라인을 하지 않고, 무릎 높이 아래로 공격한다.

라. 2인 1조 패스 및 캐치 연습(바운스볼 포함)

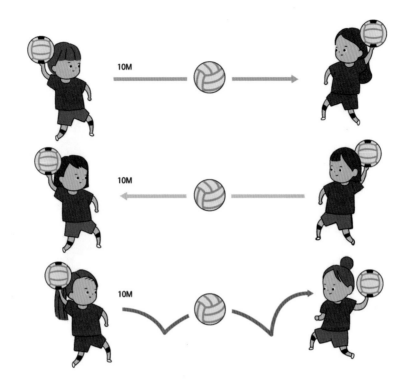

○ **훈련 방법**

10m 거리에서 2인 1조로 패스를 주고받는다. 이때 바운스볼을 섞어 가면서 연습을 실시한다.

○ **훈련 효과**

실제 경기장과 같은 거리에서 패스하여 경기에서 정확한 패스 능력을 향상시킬 수 있다.

○ **유의할 점**

던지는 사람은 절대 오버라인을 하지 않고, 받는 사람을 향해 정확히 던져야 하며 받는 사람은
공을 캐치할 수 있도록 집중한다.

○ **훈련 방법**

수건으로 자세를 교정하는 연습이다.

○ **훈련 효과**

정확한 자세를 연습할 수 있으며 팔로우스루 동작을 통해 파워를 향상시킬 수 있다.

○ **유의할 점**

실제 공을 던지는 동작과 최대한 유사하게 연습을 한다.

※ 팔로우스루(follow through): 던진 공의 효과를 더욱 올리기 위하여 공을 치거나 던진 후에
　팔의 동작을 계속 진행하는 것을 말한다.

바. 2명은 패스, 나머지는 수비대형

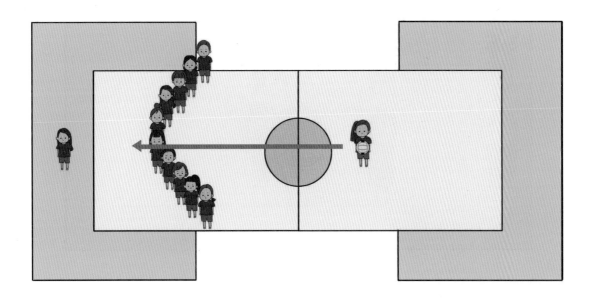

○**훈련 방법**

외야수 1명과 내야 공격수 1명은 패스 연습을 하고, 내야수는 대형을 맞추어 연습을 실시한다.

○**훈련 효과**

외야수와 내야 공격수는 패스 연습을 통하여 서로의 호흡을 맞추게 되며, 나머지 내야수들은
자신의 위치에서 대형을 유지하는 능력을 향상시킬 수 있다.

○**유의할 점**

피구 코트(10m) 안에서 연습을 하며, 내야수는 패스가 날아오면 빨리 앞으로 뛰어나가 뒤로
돌아서 수비대형을 갖춘다.

사. 3인 1조 1자 대형 공격 및 패스

○**훈련 방법**

2명은 공격 및 패스 연습을 하고 나머지 1명은 피하기 및 잡기 연습을 한다.

○**훈련 효과**

패스 및 공격, 수비 연습 모두 향상시킬 수 있다.

○**유의할 점**

공을 던질 때는 반드시 반대편에 있는 사람과 1자 대형을 맞추어 공격 및 패스를 실시한다. 1자 대형이 유지되지 않은 상태에서 공격하게 되면 공이 아웃된다. 이렇게 되면 내야에서 외야로 공격 시에 실제 경기에서는 공격권을 넘겨주게 된다.

※1자 대형: 공격수 2명이 나란히 맞추어져 있는 상태를 말한다. 이렇게 맞추어져 있을 때 공격을 해야 공격에 실패하더라도 볼을 잡을 수 있다.

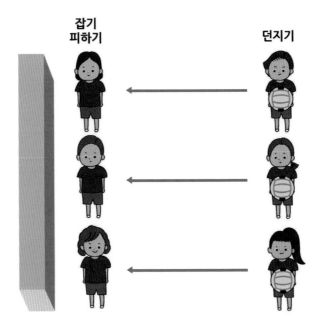

○ **훈련 방법**

2인 1조를 짝을 만들고 1명은 벽 쪽에서 피하기 및 잡기 연습을 하고 나머지 1명은 던지기 연습을 한다.

○ **훈련 효과**

소수의 인원으로 던지기와 잡기, 피하기 능력을 향상시킬 수 있다.

○ **유의할 점**

공격하는 사람은 거리를 정해 놓고 오버라인을 하지 않도록 하며 수비하는 사람은 공을 잡을 것인지, 피할 것인지 빨리 판단해야 한다.

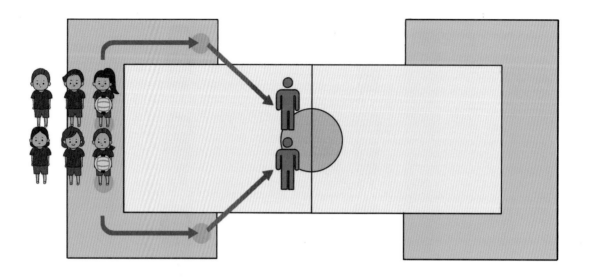

○ **훈련 방법**

공을 들고 사이드를 돌아서 모형을 맞춘다.

○ **훈련 효과**

실제 경기에서 사이드 공격은 상대방의 대형을 무너뜨릴 수가 있으며 사이드 공격을 활용하게 되면 다양한 전술 활용이 가능하다.

○ **유의할 점**

사이드 공격 시에 모서리 근처에서 돌아서 공격해야 한다. 만약 외야수가 외야라인 중앙에서부터 사이드까지 돌아서 공격하게 되면 체력 소모가 크고 상대방 내야수가 피할 수 있는 시간을 주기 때문이다.

나. 거리를 달리하여 콘 맞추기

○**훈련 방법**

던져 주는 공을 잡아서 거리가 다른 콘을 향하여 공격한다.

○**훈련 효과**

던져 주는 공을 잡아서 공격하는 연습으로 거리 감각을 익히고 낮게 공격하는 능력을 향상시킨다.

○**유의할 점**

콘을 맞추기 위해서 공을 살살 던지지 않고 전력으로 던진다.

○ **훈련 방법**

훈련 방법: 모형의 어깨를 맞추는 연습을 한다.

○ **훈련 효과**

잡으려고 하는 상대방에게 정면으로 던지기보다는 어깨 쪽으로 공격을 하게 되면 상대방이 아웃될 확률이 올라가며 아웃된 이후에도 공이 밖으로 나가서 공격을 지속할 가능성이 높다.

○ **유의할 점**

어깨를 공격하다가 머리에 맞을 경우 헤드어택 파울이 되므로 정확하게 공격하도록 한다.

라. 2인 1조로 짝을 맞추어 패스 및 공격 연습 후 로테이션

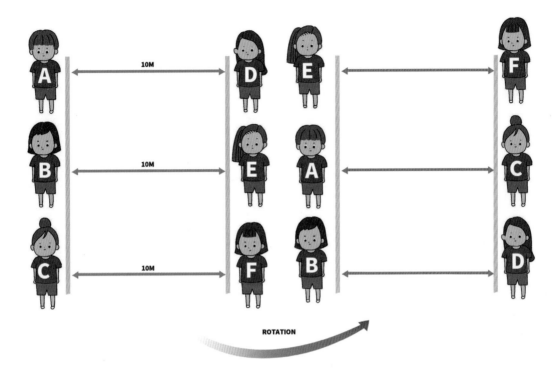

○ 훈련 방법

단체로 10m 거리에 맞추어 패스 및 공격 후에 2~3분이 되면 로테이션한다.

○ 훈련 효과

일대일로 패스를 하는 것보다 여러 사람들과 패스를 하므로 다양한 구질을 경험할 수 있다.

○ 유의할 점

오버라인을 하지 않도록 하며 신호에 맞추어 모든 인원이 이동하도록 한다.

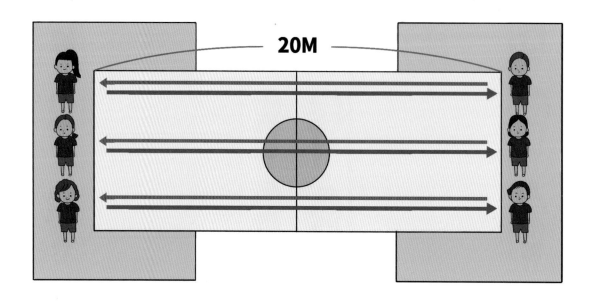

○ **훈련 방법**

20m 이상의 거리에서 일직선으로 던지고 받는 연습을 실시한다.

○ **훈련 효과**

먼 거리에서 던지기를 하다 보면 던지기 능력과 제구력을 향상시킬 수 있다.

○ **유의할 점**

던질 때 포물선을 그리지 않고 공이 최대한 일직선으로 뻗어 나갈 수 있도록 던진다.

바. 공격수 4명은 공격, 나머지는 수비대형 연습

○ **훈련 방법**

외야수를 포함한 공격수 4명은 패스 및 공격을 하고 나머지 내야수는 수비대형을 유지하고 피하거나 잡기 연습을 한다.

○ **훈련 효과**

실제 경기와 유사한 훈련을 통하여 경기감각을 기를 수 있다.

○ **유의할 점**

내야수의 경우 자신의 포지션을 유지하도록 하며, 내야 공격수는 공격을 할 때 반드시 외야수와 1차 대형을 맞추어 공격하도록 한다.

사. 6인 1조 1자 대형 공격 및 패스(나머지 2명은 커버 담당)

○**훈련 방법**

6인 1조로 팀을 만들고 공격, 패스, 잡기 연습을 실시한다. 이때 뒤에 있는 2명은 커버 역할을 담당하고 2~3분 후에는 역할을 바꾸어 가면서 연습한다.

○**훈련 효과**

내야수가 아웃되어 외야에 나갔을 때 커버 연습을 하여 실제 경기에서 커버 능력을 향상시킬 수 있다.

○**유의할 점**

1자 대형에 맞추어 공격이나 패스를 하되 의도적으로 커버를 향해서 패스나 공격을 하게 함으로써 커버의 집중력을 향상시킬 필요가 있다.

아. 3인 1조 1자 대형 공격 및 패스

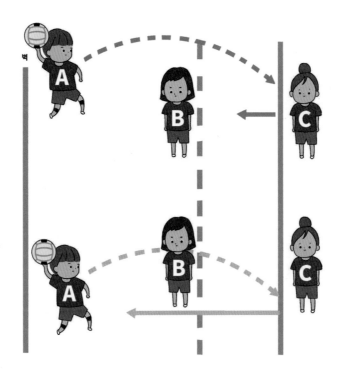

○ **훈련 방법**

A는 벽 쪽에 위치하는 것이 좋다. B는 정해진 위치에서 A를 향해서 바로 보고 있어야 한다. A가 C에게 패스하게 되면 B는 최대한 앞으로 뛰어나가서 수비 대형을 갖추고 C는 B를 향해서 공격하게 된다.

○ **훈련 효과**

C가 공격 연습을 많이 할 때 주로 사용되며 공격과 수비 능력을 많이 향상시킬 수 있다.

○ **유의할 점**

A가 C에게 패스하기 전까지 절대 B는 움직이지 않는다. C의 공격이 끝나면 B는 신속히 최초 위치로 이동한다.

자. 사이드 돌아서 패스 후 모형 공격

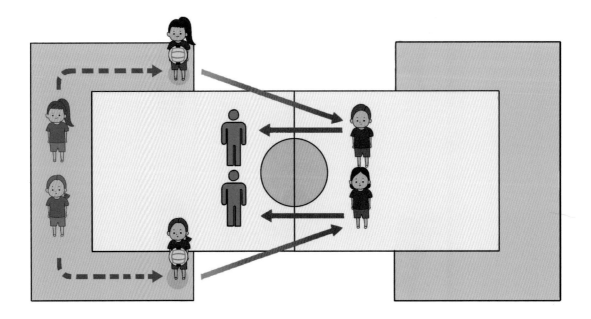

○ **훈련 방법**

외야수는 사이드를 돌아서 내야수에게 패스하고, 내야수는 공을 잡아서 빠르게 공격한다.

○ **훈련 효과**

실제 경기에서 외야수가 사이드를 돌아서 공격하려고 할 때 상대 내야수가 공을 잡으려고 준비할 경우에 패스를 통하여 내야수가 공격하게 되면 상대 내야수를 쉽게 아웃시킬 수 있다.

○ **유의할 점**

내야수는 외야수에게 패스를 받으면 빠른 타이밍으로 공격하도록 한다.

08.

고급훈련

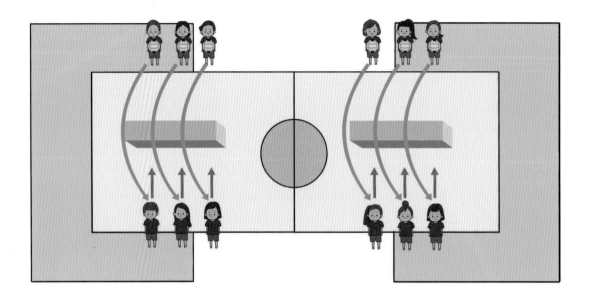

○ **훈련 방법**

공격수 3명은 동시에 공격을 하고, 나머지는 패스를 해 준다. 1분간 실시하여 박스를 멀리 이동시킨 팀이 승리한다.

○ **훈련 효과**

박스를 멀리 이동시키기 위해 최선을 다해 공을 던지게 되므로 공격 능력을 향상시킬 수 있다.

○ **유의할 점**

공정한 게임을 위해 1분 동안 공을 던지고 난 후에는 계속해서 공을 던지지 않도록 한다.

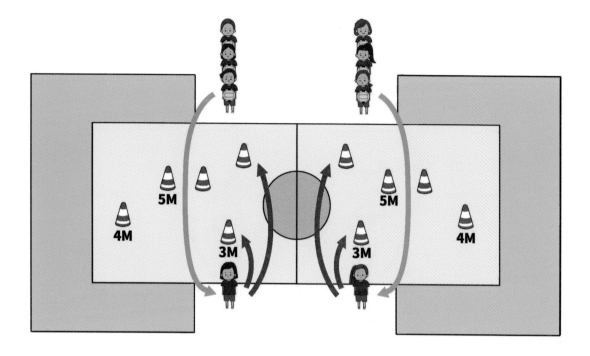

○**훈련 방법**

공격수 1명은 공격을 하고 나머지는 패스를 해 준다. 1분간 실시하여 콘을 많이 넘어뜨리는 팀을 승리한다. 한 경기가 끝나고 나면 팀원들이 돌아가면서 공격을 실시한다.

○**훈련 효과**

거리감각을 익힐 수 있으며 정확하게 던지는 능력을 향상시킬 수 있다.

○**유의할 점**

공정한 게임을 위해 1분 동안 공을 던지고 난 후에는 계속해서 공을 던지지 않도록 한다.

다. 팀별 모형 발 부위 공격 게임

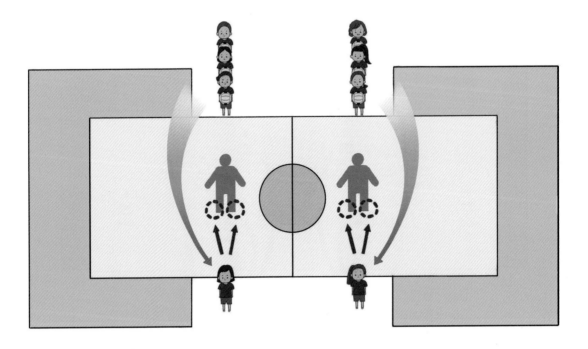

○훈련 방법

공격수 1명은 공격을 하고, 나머지는 패스를 해 준다. 1분간 실시하여 모형의 발을 많이 맞추는 팀이 승리한다. 한 경기가 끝나고 나면 팀원들이 돌아가면서 공격을 실시한다. 공격의 성공 횟수는 상대 팀원 한 명이 개수를 파악해 주면 된다.

○훈련 효과

최대한 낮게 공격하는 방법을 익히게 되어 공격 능력을 향상시킬 수 있다.

○유의할 점

너무 낮게 던지다 보면 바운스볼이 나오게 되는데 바운스볼이 나오지 않도록 주의해서 공격하도록 한다.

라. 팀별 패스 게임

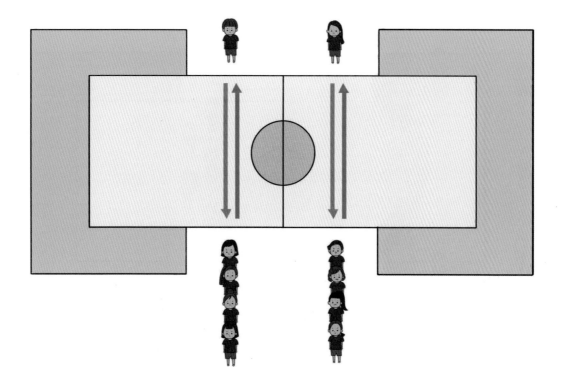

○ **훈련 방법**

1명은 계속하여 패스를 하고 나머지는 돌아가면서 패스를 한다. 모든 팀원들과 패스를 먼저 주고받은 팀이 승리한다. 한 경기가 끝나고 나면 또 다른 팀원이 돌아가면서 패스를 실시한다.

○ **훈련 효과**

빠르게 패스하는 능력 및 캐치 능력이 길러져 실제 경기 상황과 비슷한 긴장감을 형성할 수가 있다.

○ **유의할 점**

빠르게 패스를 하다 보면 패스미스가 많이 나오게 되는데, 패스미스를 줄이도록 노력하는 것이 중요하다.

마. 팀별 닥공

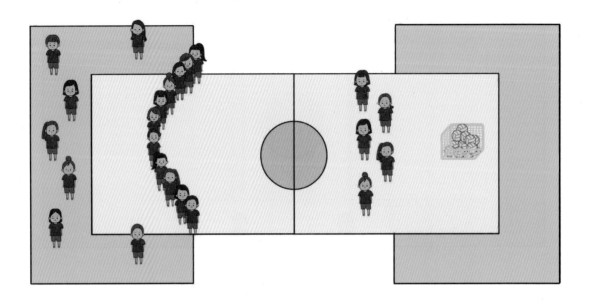

○**훈련 방법**

팀을 나누어 5분간 공격 및 수비를 번갈아 가면서 실시한다.

○**훈련 효과**

실제 상황과 비슷한 훈련으로 경기 능력을 기를 수 있으며 무엇보다 체력을 많이 향상시킬 수 있다.

○**유의할 점**

공이 아웃되게 되면 공 바구니에 있는 공으로 계속 게임을 진행한다.

※ 닥공: 피구 경기에서 어느 팀이 쉴 새 없이 공격해 나가는 것을 이르는 말이다.

바. 공격수 vs 수비수

○ **훈련 방법**

공격수와 내야수는 5분간 게임을 하여 공격수가 15명 이상 공격 성공할 경우에 승리하고, 15명 미만일 경우 내야수가 승리한다. 숫자는 팀에 맞게 변경이 가능하다.

○ **훈련 효과**

공격수는 공격수대로, 내야수는 내야수대로 호흡을 맞출 수 있고, 실제 경기와 비슷한 훈련으로 도움이 많이 된다.

○ **유의할 점**

패스미스나 캐치미스로 인하여 공이 아웃될 경우에 공격수가 직접 공을 가져와서 공격을 재개하게 하고, 공격 성공 후에 공이 아웃될 경우에는 공 바구니의 공으로 바로 게임을 재개한다. 이렇게 해야 패스미스와 캐치미스를 줄이는 데 효과적이다.

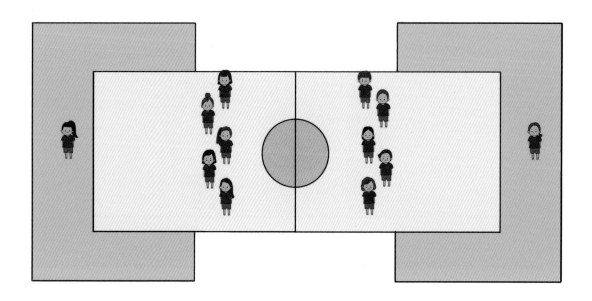

○ **훈련 방법**

팀을 나누어 1분간 게임을 실시한다. 총 7경기를 실시하며 매 게임 공격의 시작은 바뀌게 한다.

○ **훈련 효과**

1분 동안 경기가 짧게 진행되므로 공격권의 소중함을 알게 되며 패스미스와 캐치미스를 줄이기 위한 집중력이 향상된다.

○ **유의할 점**

패스미스와 캐치미스를 최대한 줄여야 경기에서 이길 수 있다.

아. 9인 1조 대형을 유지하면서 피하기 및 잡기

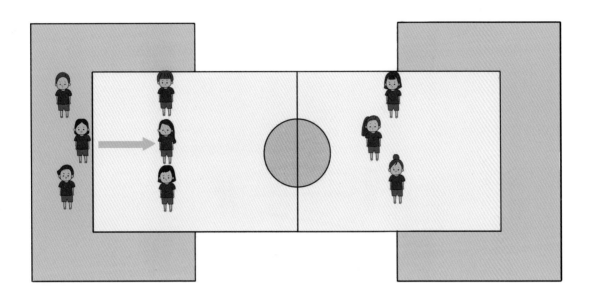

○ **훈련 방법**

9인 1조로 하여 공격 및 패스 커버 연습, 피하기와 잡기를 실시한다.

○ **훈련 효과**

커버 연습을 할 수 있으며 실제 대형에서 비슷한 위치에 있는 사람과 함께 피하는 연습을 할 수 있어서 수비능력을 향상시킬 수 있다.

○ **유의할 점**

공격은 반드시 1자 대형을 유지하면서 해야 한다.

자. 사이드 페이크 후 빠른 패스 및 공격

○ **훈련 방법**

외야수는 사이드 모서리를 도는 척하다가 멈춰서 내야 공격수에게 빠른 패스를 하고 내야 공격수는 공격한다. 그리고 내야수는 피하는 연습을 한다.

○ **훈련 효과**

외야수가 사이드를 도는 척하다가 멈추게 되면 상대 내야수도 멈추게 되는데, 이때 내야 공격수에게 빠른 패스를 하게 되면 공격 성공률을 높일 수 있다.

○ **유의할 점**

외야수가 패스를 빠르고 정확하게 하는 것이 중요하다.

09.

전술

가. 1번 전술

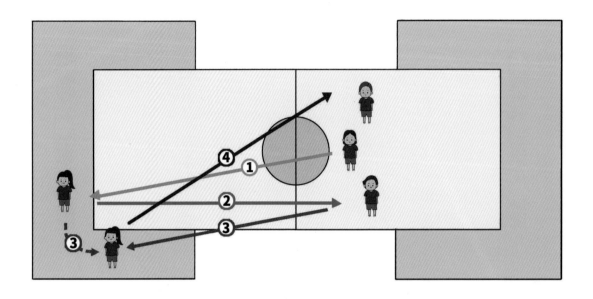

○ **설명**

① 내야 공격수는 외야수에게 패스한다.

② 외야수는 내야 공격수에게 패스한 후 상대 내야수가 뒤로 돌아서 수비 자세를 갖추면 사이
   드를 돈다.

③ 내야 공격수는 외야수에게 패스한다.

④ 외야수는 공격한다.

※ 외야수 기준에서 오른쪽 사이드만 설명이 되어 있는데, 모든 전술은 왼쪽 사이드도 가능하다.

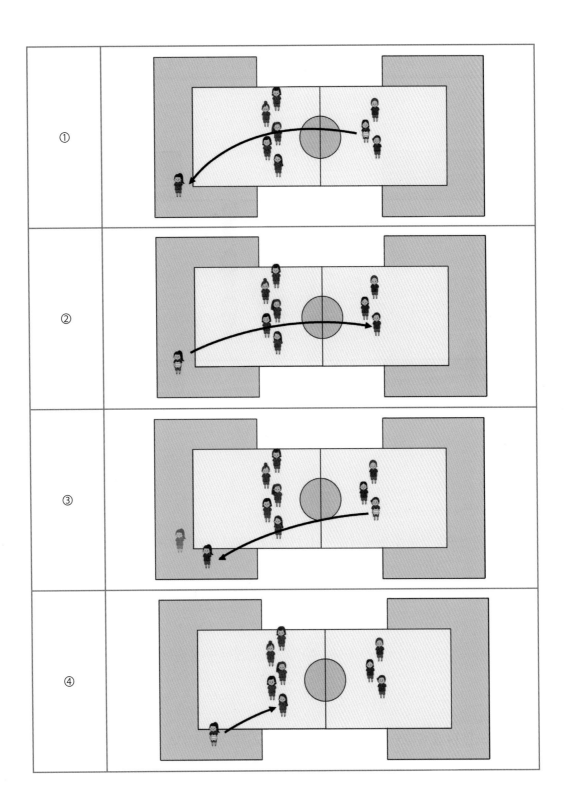

나. 2번 전술

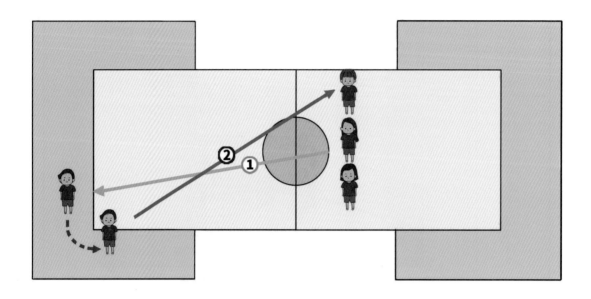

○ 설명

① 내야 공격수는 상대 두 번째 내야수 사이로 바운스볼로 외야수에게 패스한다.

② 외야수는 사이드를 돌아서 공격한다.

※내야 공격수가 상대 두 번째 내야수 사이로 바운스볼로 패스하게 되면 첫 번째와 두 번째 상
대 내야수는 무리에서 이탈하게 되고 이 두 명이 타깃이 된다.

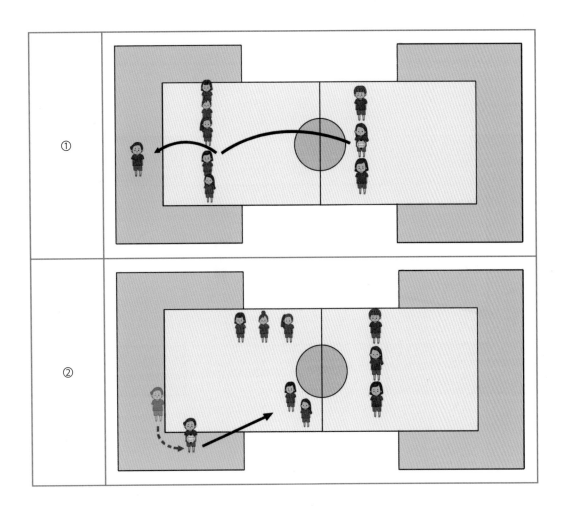

다. 3번 전술

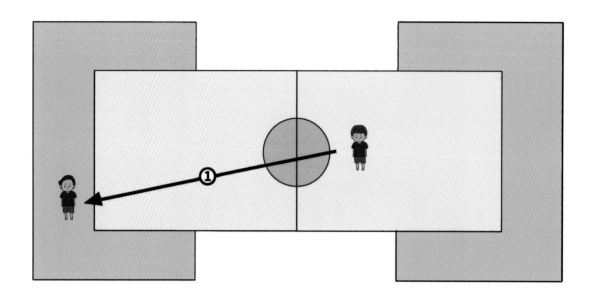

○**설명**

① 2번 전술의 응용동작으로, 내야 공격수가 바로 공격한다.

② 외야수와 1자 대형을 맞추어 공격을 실시하고, 외야수는 평소 위치보다 조금 물러나서 캐치를 준비한다.

※2번 전술 후에 사용하면 효과적이다. 상대는 이번에도 두 번째 사이로 패스할 것이라고 예상할 가능성이 높다. 그 생각을 역이용하는 전술이다.

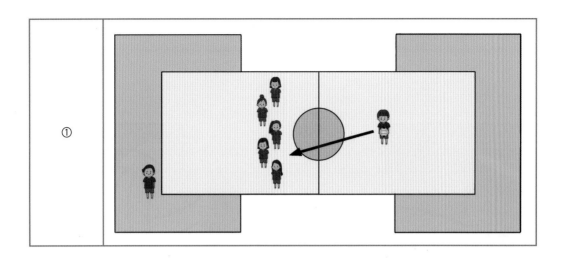

①

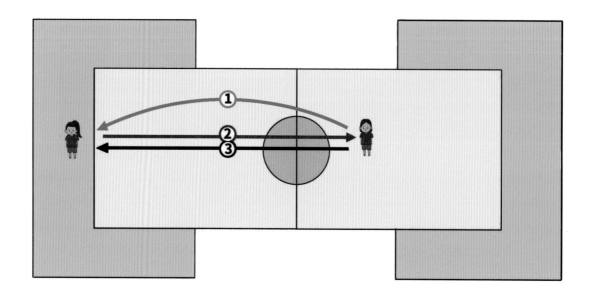

○**설명**

① 내야수는 일부러 외야수에게 느리게 던져 준다.

② 외야수는 공을 잡고 상대 내야수가 최대한 내야 공격수 쪽으로 물러날 때까지 기다린다.

③ 이때 외야수는 내야 공격수에게 빠르게 패스한다.

④ 내야 공격수는 빠르게 공격한다.

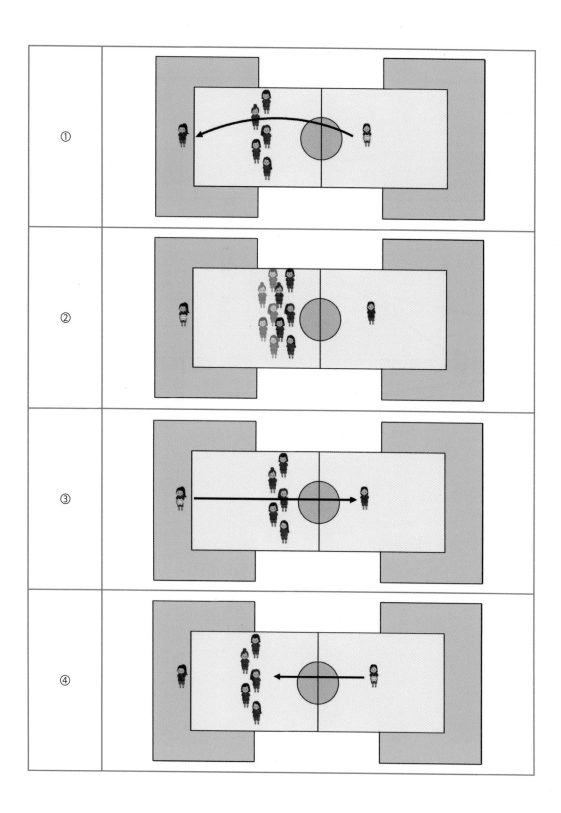

마. 5번 전술

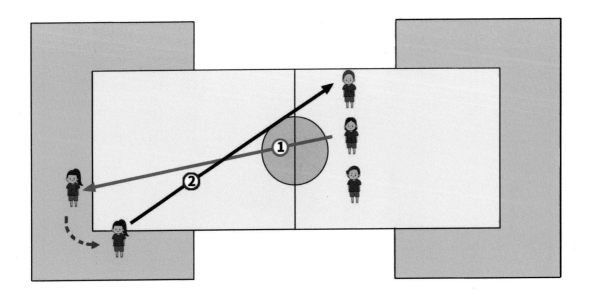

○**설명**

① 내야 공격수는 외야수에게 빠르게 패스한다.

② 외야수는 사이드를 돌아서 공격한다.

※외야수는 처음에 사이드 근처에 위치한다.

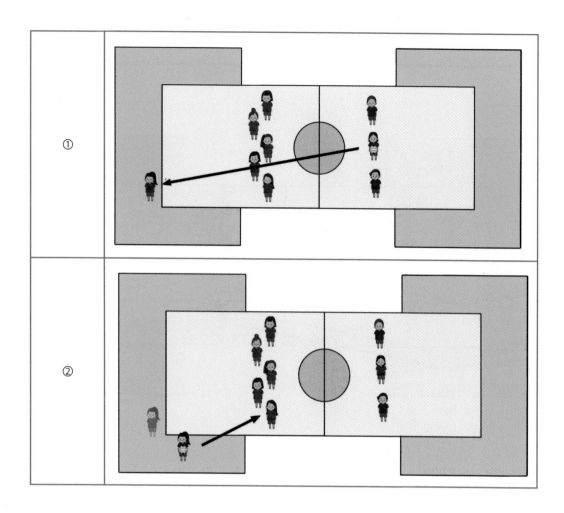

바. 6번 전술

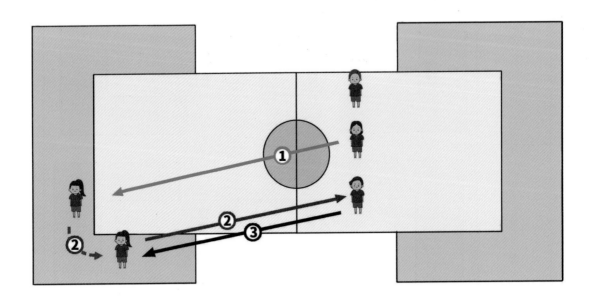

○ 설명

① 내야 공격수는 외야수에게 패스한다.

② 외야수는 사이드를 돌아서 내야 공격수에게 패스한다.

③ 내야 공격수는 상대 내야수에게 공격한다.

※5번 전술 후에 사용하면 효과적이다.

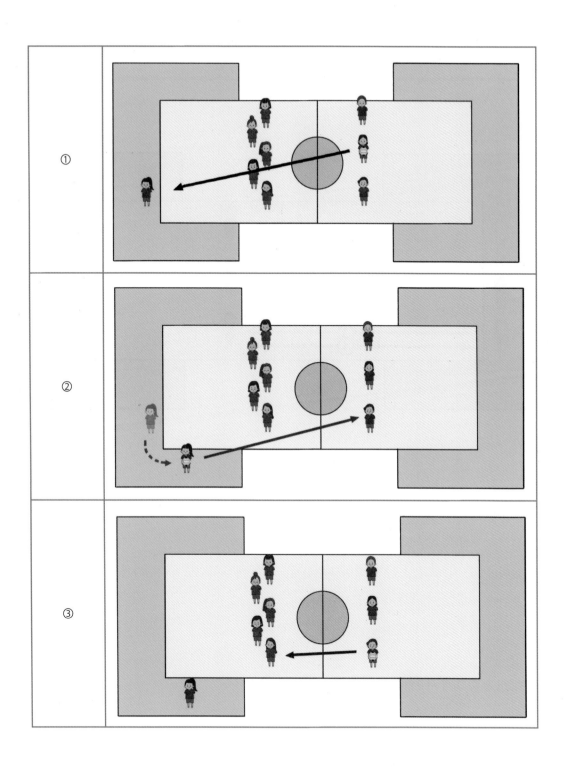

사. 7번 전술

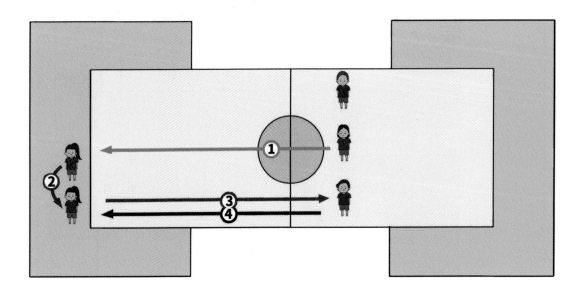

○ **설명**

① 내야 공격수는 외야수에게 패스한다.

② 외야수는 사이드를 도는 척 페이크를 하게 되면 상대 내야수도 움직이다가 멈춰 서게 된다.

③ 이때 외야수는 빠르게 내야 공격수에게 패스한다.

④ 내야 공격수는 빠르게 상대 내야수에게 공격한다.

※6번 전술 후에 사용하면 효과적이다.

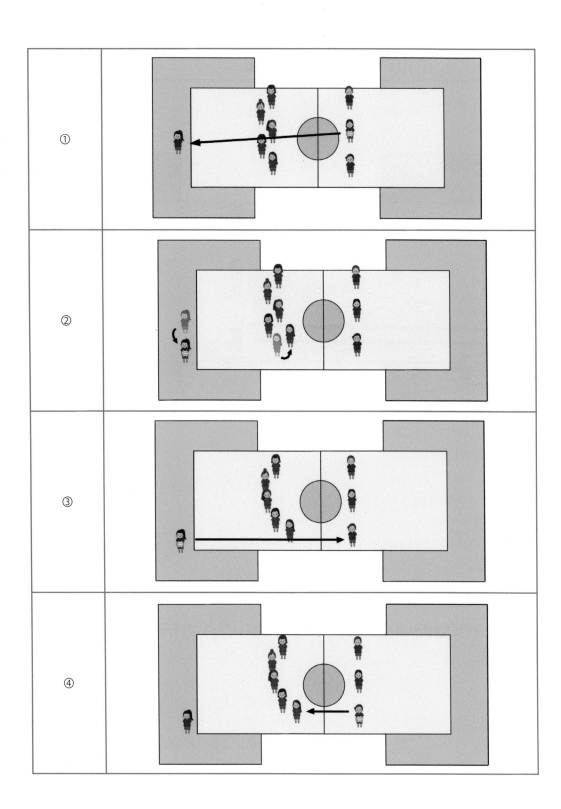

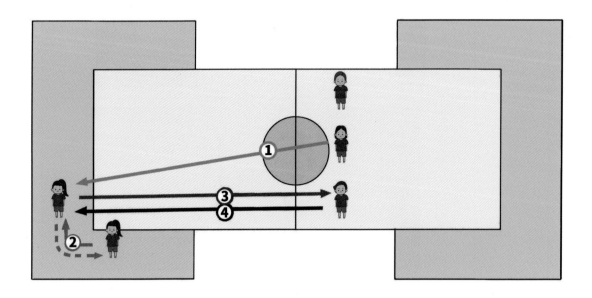

○ 설명

① 내야 공격수는 외야수에게 패스한다.

② 외야수는 사이드를 돌았다가 다시 최초 위치로 돌아온다.

③ 바운스볼로 내야 공격수에게 패스한다.

④ 내야 공격수는 빠르게 상대 내야수에게 공격한다.

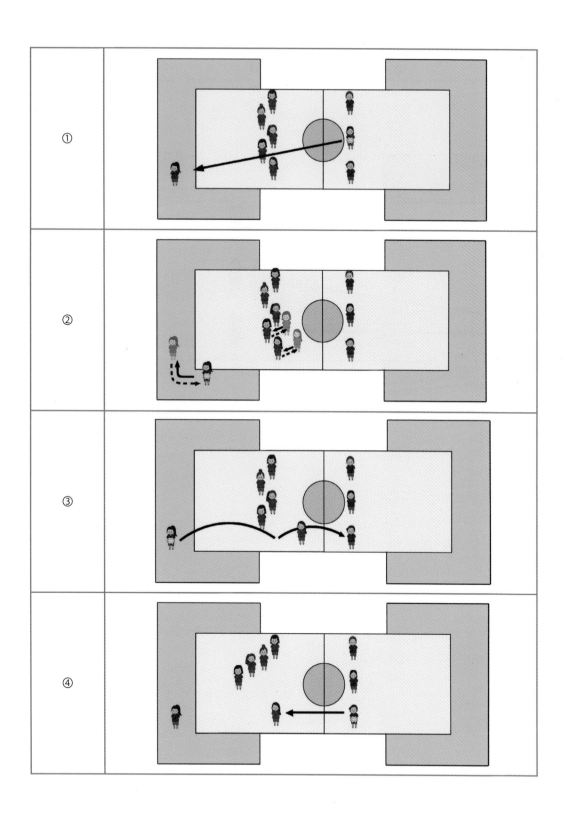

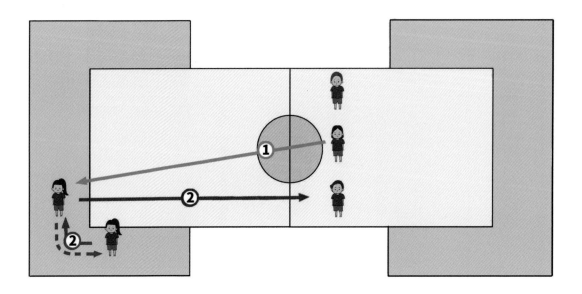

○설명

① 내야 공격수는 외야수에게 패스한다.

② 외야수는 사이드를 돌았다가 다시 최초 위치로 돌아오면서 공격한다.

※사이드를 돌았다가 다시 최초 위치로 돌아오게 되면 상대 내야수는 자신의 포지션으로 다시 오다가 아웃될 가능성이 크다.

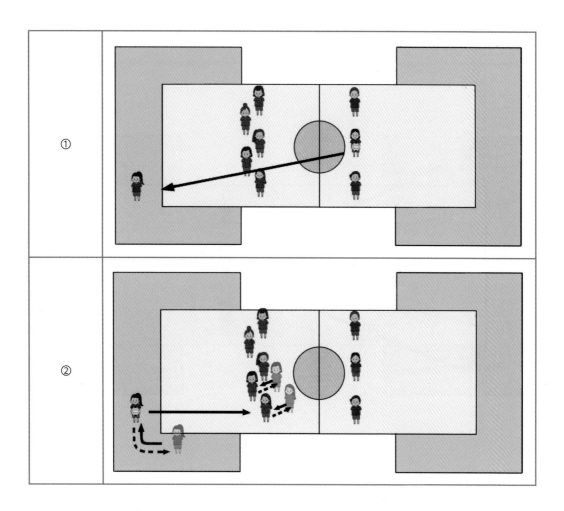

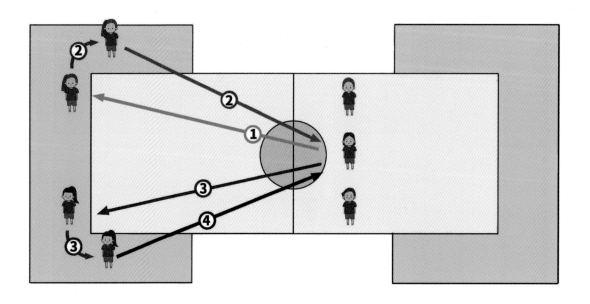

○ **설명**

① 내야 공격수는 외야수에게 패스한다.

② 외야수는 사이드를 돌아서 내야 공격수에게 패스한다.

③ 내야 공격수는 반대편에 있는 외야수에게 패스한다.

④ 외야수는 사이드를 돌아서 공격한다.

※10~12번 전술의 경우는 내야 공격수가 아웃되었을 경우에 동시에 수행하는 전술이다.

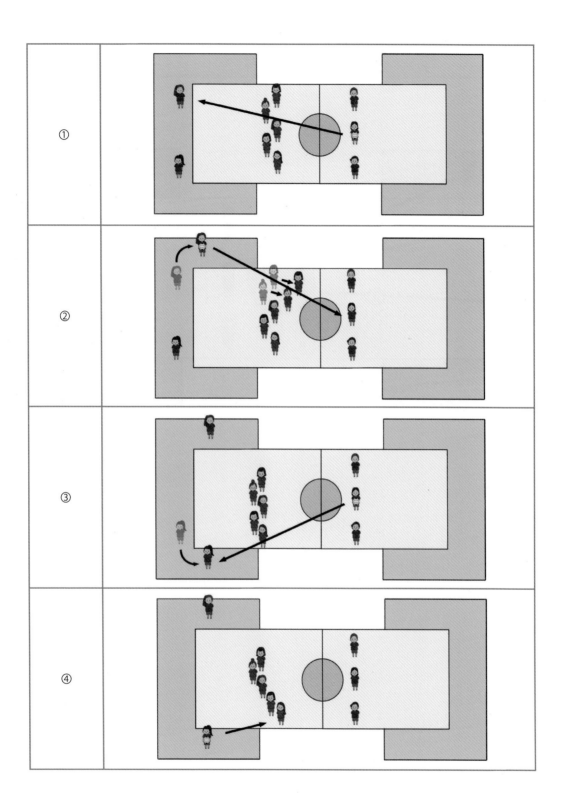

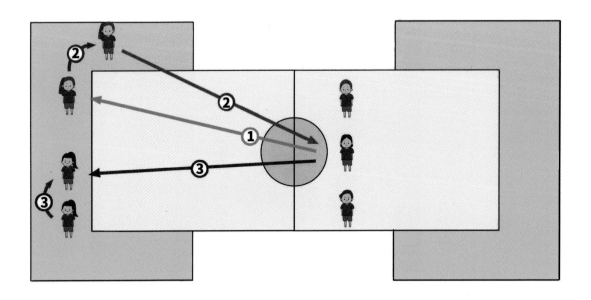

○ **설명**

① 내야 공격수는 외야수에게 패스한다.

② 외야수는 사이드를 돌아서 내야 공격수에게 패스한다.

③ 내야 공격수는 공격한다. 외야수는 이를 커버한다.

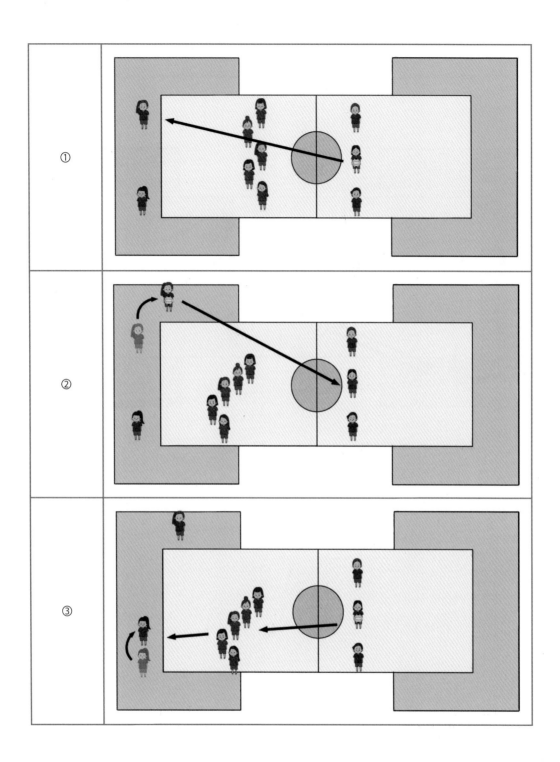

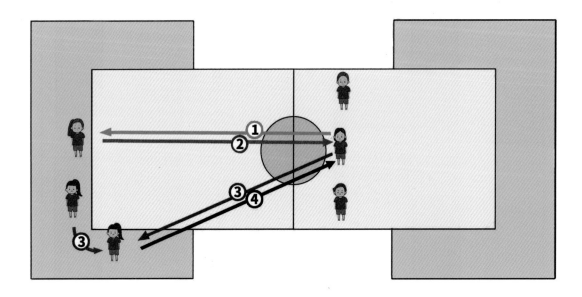

○ 설명

① 내야 공격수는 외야수에게 패스한다.

② 외야수는 내야 공격수에게 패스한다.

③ 다른 외야수는 사이드를 돌고 내야 공격수는 패스한다.

④ 외야수는 공격한다.

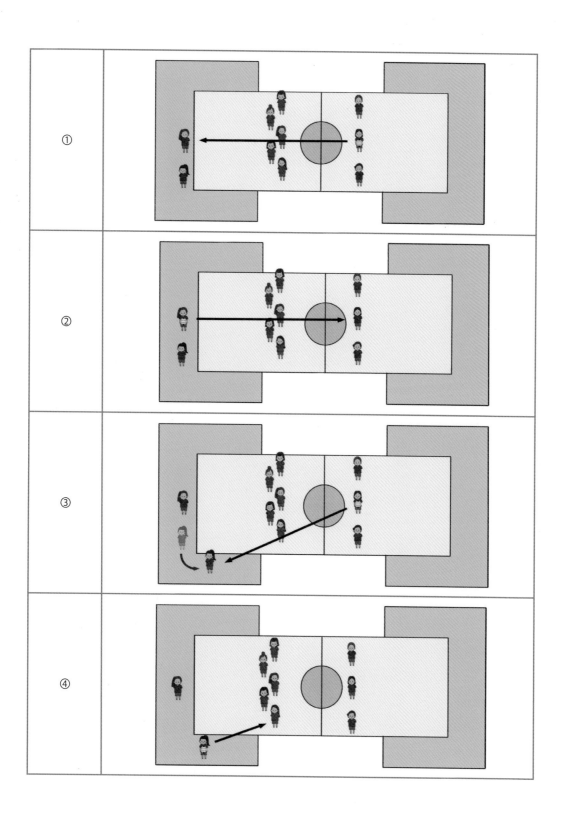

10.

웨이트 트레이닝

가. 코어 트레이닝

○ **코어 트레이닝의 중요성**

- 모든 움직임 동작은 먼저 코어 근육부터 수축한다.

- 허리 부상을 방지한다.

- 신체 중심을 안정화하여 최상의 운동 수행능력을 발휘하도록 한다.

1) 플랭크

○훈련 방법

양 팔꿈치와 발끝을 바닥에 대고 몸을 일으켜서 복부와 엉덩이에 힘을 주어 버틴다. 이때, 머리에서 발뒤꿈치까지 일직선이 되어야 한다.

○훈련 시간

1~2분간 멈추고 버틴다. (개인적 체력에 따라 시간을 조정한다.)

○훈련 효과

복부 근력 강화

○유의할 점

머리는 바닥을 향하고, 어깨와 팔꿈치는 90°를 유지한다.

2) 사이드 플랭크

○ **훈련 방법**

팔꿈치는 바닥에 대고 몸을 일으켜서 버틴다. 머리부터 발까지 일직선이 되어야 한다. 반대쪽도 번갈아 가면서 실시한다.

○ **훈련 시간**

1~2분간 멈추고 버틴다. (개인적 체력에 따라 시간을 조정한다.)

○ **훈련 효과**

복부 측면 근력 강화

○ **유의할 점**

엉덩이가 아래로 내려가거나 위로 올라가지 않도록 한다.

3) 플로어 브릿지

○ **훈련 방법**

양손은 바닥에 내리고 양발은 골반 너비를 벌려서 허리를 들어 올린다.

○ **훈련 시간**

1~2분간 멈추어 버틴다. (개인적 체력에 따라 시간을 조정한다.)

○ **훈련 효과**

엉덩이 및 허리 근력 강화

○ **유의할 점**

엉덩이와 허리 근육 수축에 집중하고, 무릎을 지나치게 벌리지 않는다.

4) 레그 레이즈

○ **훈련 방법**

양손은 바닥에 내리고, 양발은 붙인 상태로 발끝을 펴 준다. 다리를 든 다음 천천히 호흡을 마시면서 아래로 내려 주고 반대로 다리를 들어 올릴 때는 호흡을 뱉는다.

○ **훈련 횟수**

15~20회를 반복한다. (개인적 체력에 따라 횟수를 조정한다.)

○ **훈련 효과**

복직근 하부 강화

○ **유의할 점**

다리를 들어 올렸을 경우, 허리가 바닥에서 떨어지지 않고 붙어 있도록 한다. 다리를 바닥으로 내릴 때 발이 지면이 붙지 않도록 한다.

5) 슈퍼맨

○ **훈련 방법**

엎드려 누워서 양팔은 머리 위로 뻗는다. 호흡을 뱉으면서 상체와 하체를 들어 올린다. 반대로 호흡을 마시면서 천천히 상체와 하체가 지면에 내려온다. 상체와 하체를 바닥에 떨어뜨리지 않고 계속하여 실시한다.

○ **훈련 횟수**

20~30회를 반복한다. (개인적 체력에 따라 횟수를 조정한다.)

○ **훈련 효과**

척추기립근 근력 강화

○ **유의할 점**

머리를 과도하게 들지 않도록 한다.

나. 심폐체력 트레이닝

○ 심폐체력 트레이닝의 중요성

- 심폐체력은 지속적인 경기에서 꼭 필요하다.

- 가장 기본이 되는 체력으로 심폐지구력이 없다면 어떠한 운동도 할 수 없다.

- 심폐체력이 뛰어나면 경기 후반으로 갈수록 팀이 강해진다.

1) 20m 셔틀런

○ **훈련 방법**

셔틀런 음원에 맞추어 20m 왕복달리기를 실시한다.

○ **훈련 횟수**

자신이 할 수 있는 최대의 횟수로 실시한다.

○ **훈련 팁**

팀을 나누어 각 개인의 횟수를 모두 더하여 팀 간에 경기를 실시하면 훈련의 효과를 극대화시킬 수 있다.

○ **유의할 점**

점진적으로 훈련 강도를 늘려 나가야 한다.

2) 1분간 셔틀런

○ **훈련 방법**

1분 동안 10m 거리의 셔틀런을 실시한다. 별도의 음악이 없이 전력 질주한다.

○ **훈련 횟수**

자신이 할 수 있는 최대의 횟수로 실시한다.

○ **훈련 팁**

팀을 나누어 각 개인의 횟수를 모두 더하여 팀 간에 경기를 실시하면 훈련의 효과를 극대화시킬 수 있다.

○ **유의할 점**

콘을 넘어뜨리지 않도록 한다.

3) 셔틀런 드릴

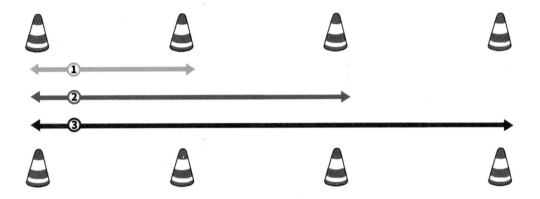

○훈련 방법

콘을 손으로 터치하고 빨리 돌아오는 것으로 콘 사이의 거리는 5m이다.

○훈련 시간

자신이 모든 콘을 최대한 빨리 터치하고 출발점으로 돌아온다.

○훈련 팁

팀을 나누어 각 개인의 시간을 모두 더하여 팀 간에 경기를 실시하면 훈련의 효과를 극대화시킬 수 있다.

○유의할 점

모든 콘에 반드시 터치하도록 한다.

4) 인터벌 트레이닝

○ **훈련 방법**

20분간 전력 질주와 빠르게 걷기를 반복하여 훈련을 실시한다.

○ **훈련 시간**

20분간 실시한다.

○ **훈련 팁**

팀을 나누어 모든 인원이 완주할 수 있도록 서로 응원하도록 한다.

○ **유의할 점**

힘들어도 상체를 바닥으로 숙이지 않고 호흡 조절을 하도록 한다.

5) 스텝박스 트레이닝

○ 훈련 방법

1분 동안 스텝박스를 한 다리로 오르고 내리도록 한다.

○ 훈련 횟수

자신이 할 수 있는 최대의 횟수로 실시한다.

○ 훈련 팁

팀을 나누어 각 개인의 횟수를 모두 더하여 팀 간에 경기를 실시하면 훈련의 효과를 극대화시킬 수 있다.

○ 유의할 점

스텝박스 모서리에 발을 올리게 되면 부상의 위험이 있으므로 스텝박스 안쪽에 발을 디디도록 한다.

다. 밸런스 트레이닝

○ **밸런스 트레이닝의 중요성**

- 던지는 동작 시에 평형성을 유지하여 부상을 예방한다.

- 균형 능력을 유지하여 공을 던질 때 흔들림이 없어진다.

- 다양한 자세를 제어할 수 있어 정확한 제구가 가능해진다.

1) 한 발 서기

○ **훈련 방법**

1분 동안 한쪽 다리를 들어 자세를 유지하도록 하며, 1분이 끝나면 발을 바꾸어 실시한다.

○ **훈련 시간**

1분 동안 자세를 유지한다.

○ **훈련 팁**

팀을 나누어 1분 후에 자세를 더 많이 유지하고 있는 팀이 승리하도록 하면 훈련의 효과를 극대화시킬 수 있다.

○ **유의할 점**

무릎을 골반과 90° 높이로 들어 올려야 한다.

2) 싱글 레그 스쿼트

○ **훈련 방법**

한쪽 다리는 균형을 유지하고 다른 한쪽 다리는 다리를 가볍게 든다. 천천히 아래로 내려갔다
가 다시 올라온다. 한 세트가 끝나면 발을 바꾸어 실시한다.

○ **훈련 횟수**

15~20회를 반복한다. (개인적 체력에 따라 횟수를 조정한다.)

○ **훈련 팁**

상대 팀원과 마주 보고 신호에 맞추어 스쿼트를 실시하여 1분 후에 자세를 더 많이 유지하고
있는 팀이 승리하도록 하면 훈련의 효과를 극대화시킬 수 있다.

○ **유의할 점**

너무 아래로 무릎을 구부려 무릎에 무리가 가지 않도록 한다.

3) 싱글 레그 스쿼트 터치다운

○ **훈련 방법**

한쪽 다리는 균형을 유지하고 다른 한쪽 다리는 다리를 가볍게 든다. 천천히 아래로 내려가면서 디딤발 반대쪽 손으로 디딤발 앞쪽에 터치하도록 한 후 다시 올라온다. 한 세트가 끝나면 발을 바꾸어 실시한다.

○ **훈련 횟수**

15~20회를 반복한다. (개인적 체력에 따라 횟수를 조정한다.)

○ **훈련 팁**

상대 팀원과 마주 보고 신호에 맞추어 스쿼트를 실시하여 1분 후에 자세를 더 많이 유지하고 있는 팀이 승리하도록 하면 훈련의 효과를 극대화시킬 수 있다.

○ **유의할 점**

너무 아래로 무릎을 구부려 무릎에 무리가 가지 않도록 한다.

4) 미니 허들을 이용한 한 다리로 정면 뛰기

○**훈련 방법**

훈련 방법: 한쪽 다리를 이용하여 미니 허들을 정면으로 뛰어넘는다. 한 세트가 끝나면 반대 쪽 다리로 허들을 뛰어넘는다.

○**훈련 횟수**

10~15회를 반복한다. (개인적 체력에 따라 횟수를 조정한다.)

○**훈련 팁**

같은 팀원들이 균형을 잡는 모습을 동영상을 촬영하여 피드백해 주면 더 재미있게 훈련할 수 있다.

○**유의할 점**

하나의 허들을 넘으면 이어서 다음 허들을 뛰어넘지 않고 잠시 멈추어 균형을 잡는다.

5) 미니 허들을 이용한 한 다리로 측면 뛰기

○ **훈련 방법**

한쪽 다리를 이용하여 미니 허들을 측면으로 뛰어넘는다. 한 세트가 끝나면 반대쪽 다리로 허들을 뛰어넘는다.

○ **훈련 횟수**

10~15회를 반복한다. (개인적 체력에 따라 횟수를 조정한다.)

○ **훈련 팁**

같은 팀원들이 균형을 잡는 모습을 동영상을 촬영하여 피드백해 주면 더 재미있게 훈련할 수 있다.

○ **유의할 점**

하나의 허들을 넘으면 이어서 다음 허들을 뛰어넘지 않고 잠시 멈추어 균형을 잡는다.

라. 근력 트레이닝

○ **근력 트레이닝의 중요성**

- 몸에 근육이 없으면 공을 강하게 던질 수가 없다.

- 몸에 근육이 있어야 피하기와 받기 등을 잘 수행할 수가 있다.

- 근력이 충분히 뒷받침되면 모든 수행에서 우수할 결과를 만들어 낸다.

1) 런지

○ **훈련 방법**

시선을 정면으로 향하고 한쪽 다리를 앞으로 벌린다. 그리고 뒷발에 뒤꿈치를 세운다. 앞의 무릎은 90°로 구부리고 뒤의 무릎은 바닥에 닿는다는 느낌으로 실시한다. 한 세트가 끝나면 다리를 바꾸어 실시한다.

○ **훈련 횟수**

10~15회를 반복한다. (개인적 체력에 따라 횟수를 조정한다.)

○ **훈련 팁**

팀원 모두가 함께 모여 원을 그린 상태에서 실시하면 더욱 열심히 하게 된다.

○ **유의할 점**

런지를 실시할 때는 아래로 내려간다는 느낌으로 한다. 앞쪽 발의 무릎이 발끝보다 앞으로 나가서는 안 된다. 또한 등과 허리를 구부리지 않는다.

2) 스쿼트

○ **훈련 방법**

양발을 어깨너비로 벌리고 양팔은 어깨 높이와 같이 올린 다음 의자에 앉는다고 생각하고 아래로 내려갔다가 다시 올라온다.

○ **훈련 횟수**

20~30회를 반복한다. (개인적 체력에 따라 횟수를 조정한다.)

○ **훈련 팁**

팀원 모두가 함께 모여 원을 그린 상태에서 실시하면 더욱 열심히 하게 된다.

○ **유의할 점**

등과 허리를 구부리지 않고 무릎이 발끝을 넘어가지 않도록 주의한다.

3) 종아리근육 트레이닝

○훈련 방법

한쪽 다리로 서고 양손을 벽에 기댄 다음, 발목을 들어 올렸다가 내렸다가를 반복한다. 한 세트가 끝나면 발을 바꾸어 실시한다.

○훈련 횟수

20~30회를 반복한다. (개인적 체력에 따라 횟수를 조정한다.)

○훈련 팁

팀원들이 주위에서 개수를 파악해 주면 더욱 동기 유발이 된다.

○유의할 점

발목을 올렸다가 내려 올 때는 천천히 내려오도록 한다.

4) 파워튜브 당기기

○ **훈련 방법**

실제 공 던지는 자세로 파워튜브를 당긴다. 어깨와 팔꿈치는 고정한 상태에서 손으로만 당긴다. 한 세트가 끝나면 반대쪽 손을 실시한다.

○ **훈련 횟수**

20~30회를 반복한다. (개인적 체력에 따라 횟수를 조정한다.)

○ **훈련 팁**

팀원들이 주위에서 개수를 파악해 주면 더욱 동기 유발이 된다.

○ **유의할 점**

어깨와 팔꿈치가 일직선이 되도록 한다.

5) 팔굽혀펴기

○훈련 방법

여학생이나 초등학생의 경우 무릎을 굽혀서 실시해도 된다. 내려갈 때 호흡을 들이마시고 올라올 때 호흡을 내쉰다.

○훈련 횟수

20~30회를 반복한다. (개인적 체력에 따라 횟수를 조정한다.)

○훈련 팁

팀원들이 주위에서 개수를 파악해 주면 더욱 동기 유발이 된다.

○유의할 점

머리와 발뒤꿈치까지 일직선을 유지한다.

◇ 누군가가 나에게 학교생활을 하며 가장 기억에 남는 일이 무엇이냐고 묻는다면 주저 없이 피구부 활동이라고 대답할 것이다. 나에게 피구부는 동아리 활동을 넘어서 학교생활 그 자체였다. 조금 더 깊게 들어가자면 나를 성장시키고 변화시킨 인생의 첫 번째 터닝포인트라고 해도 과언이 아닐 것이다. 약 5년 동안 피구부 활동을 하며 성장하고 변화한 나를 만날 수 있었다.

먼저 나의 행복을 최우선으로 하는 선택을 하게 되었다는 점이다. 운동 대신 공부를 하라며 피구부를 그만하라고 말하는 사람도 많았고, 실제로 압박에 못 이겨 그만두기도 했었다. 하지만 하고 싶은 일을 좇아 다시 피구부에 들어갔고, 내가 행복을 느끼는 일을 선택하는 것이 가장 옳은 선택이라는 것을 알 수 있었다. 이후로는 온전한 나의 마음을 바탕으로 선택하고, 결과에 대해서는 후회하지 않고 몰두할 수 있는 자세를 가질 수 있었다.

또, '성공의 기억'을 가지게 되었다는 점이다. 팀원들과 '전국 우승'이라는 목표를 이루기 위해 열심히 노력했고, 그 목표를 이루어 낸 경험은 무엇보다 값졌다. 태어났을 때부터 지금까지 가장 행복했던 순간을 뽑으라면 이때를 뽑을 정도로 소중했던 경험이었다. 이를 계기로 어떤 일이든 도전할 수 있는 용기를 얻게 되었으며 내가 노력하면 무엇이든 할 수 있다는 자신감을 가지게 되었다. 개인적으로도 부족한 부분들을 연습하여 실력을 향상했고 내가 만족할 수 있는 경기를 했다는 점에서 나의 성장이 공동체에 좋은 영향을 줄 수 있다는 것을 배울 수 있었다.

피구부 활동을 했던 순간이 전부 행복했다고 하면 거짓말일 것이다. 팀의 주장으로서 팀원들 간의 갈등이나 선생님과의 갈등으로 힘들기도 했고, 연습해도 늘지 않는 실력에 속상해하며 그만하고 싶다는 생각이 든 적도 있다. 하지만 모든 시간을 지나온 지금, 자부할 수 있는 것은 피구부 활동을 하며 겪은 모든 순간이 내가 더 좋은 사람이 될 수 있는 발판으로 작용했다는 것이다. 좋은 친구들과 선생님들 덕에 행복한 시간으로 기억에 남을 수 있어서, 힘들 때 언제든지 열어 보고 위로받을 수 있는 한 페이지로 남아 있어서 참 고마운 마음이다.

- 마산무학여고 레전드2기 주장 전○비

◇ 때로는 결과보다 과정이 더 값지고 소중할 때가 있다. 무언가에 빠져들어 몰두하는 과정에서 많은 것을 배우고 느낄 수 있다고 생각한다. 피구가 나에게 그런 존재였다. 우승이라는 목표만 바라보고 달려와 원하는 결과를 얻었지만 나는 체계적이고 힘든 훈련 속에서 팀이 하나가 되어 열심히 노력한 시간들이 더 값지고 소중하다. 그리고 그 과정이 우리를 우승까지 이끌었다고 생각한다.

- 마산무학여중 스피릿3기 주장 윤○현

◇ 체육이 좋아서 시작한 피구 동아리가 이젠 내 학교생활의 원동력이 되었다. 피구를 하면서 내 꿈을 찾았고 이를 통한 관계들이 내 꿈을 뒷받침해 주는 것 같다. 내가 고민하고 힘든 이유도 피구였지만, 극복하고 행복해하며 성장할 수 있었던 이유도 피구였다. 피구 동아리에서의 힘든 훈련들은 다양하고 재밌었지만, 치밀한 작전들로 수없이 반복한 연습 때문에 나의 한계를 느끼기도 했다. 하지만 이런 훈련을 통해 우승이라는 값진 경험을 할 수 있었고 내 평생 잊지 못할 추억을 가지게 되어 너무나 행복하다.

- 마산무학여중 스피릿3기 박○우

◇ 3년간 피구란 종목에 빠져 있으면서 앞으로 겪어 보지 못할만한 경험들을 많이 했었다. 체계적으로 짜여 있는 스케줄들, 각양각색의 화려한 전술들을 훈련받을 때면 정말 프로선수가 된

듯하게 가슴이 벅찼다. 단순한 동아리가 아니라 스포츠클럽으로서, 훈련을 통해 한 번도 겪어 보지 못했던 감정과 관계들에서 소중한 소속감을 느꼈던 것 같다. 내 중학교 생활은 평생 잊지 못할, 누구에게나 자랑하고 싶은 3년을 보낸 것 같아 스스로에게 뿌듯하다.

- 마산무학여중 스피릿3기 정○진

◇ 처음에는 이 많은 훈련들을 어떻게 다 하지 싶었다. 솔직히 훈련을 시작하고 얼마 되지 않아서는 크게 실력이 느는 것 같아 보이지도 않았고, 이게 도움이 되고 있긴 하나 싶은 의구심도 드는 훈련들도 있었다. 전국대회가 끝난 지금에서야 그 훈련들의 의미를 찾은 것 같다. 이 훈련들이 우리의 실력을 뒷받침해 주고 중요한 순간들마다 우리에게 큰 도움을 준다는 것을 느끼게 되어 앞으로 더 열심히 훈련에 임할 수 있을 것 같다는 생각이 든다.

- 마산무학여중 스피릿4기 주장 배○현

◇ 고등학교 1학년부터 3학년 때까지 외야수로 피구를 하게 되었는데, 늘 외야수를 하면 느끼지만 모든 대회에서 항상 주목받는 자리인 것 같고 나 하나의 실수로 팀에게 피해가 많이 가는 자리라는 것을 매일 느꼈던 것 같다. 외야수를 하면서 팀을 어떻게 이끌어 갈지, 잘 안 풀릴 때는 어떻게 해야 좋은 플레이가 나올지 경기하기 전이나 경기 중에도 늘 생각하면서 했던 것 같다. 또 피구가 제일 기억에 남았던 건 고등학교 3년 외야수를 했던 것과 전국대회 우승을 한 것이 제일 기억에 남았던 것 같다. 중학교 때는 우승이라는 생각조차도 하지 않았기 때문이다.

- 마산무학여고 레전드2기 외야수 강○림

◇ 나는 초등학교부터 총 6년 동안 피구를 했다. 4년째 되던 해 나에게 전국대회 준결승이라는 큰 기회가 찾아왔고, 난 그 기회를 잡지 못했다. 그때 한 번도 느껴 본 적 없는 큰 좌절감과 후회를 했다. 하지만 포기하지 않고 우승이라는 말도 안 되는 결과를 이루어 냈다. 나는 피구를 하면서 실패와 좌절 그리고 주장으로서의 많은 부담감을 겪었지만, 피구를 하지 않았다면 나에게 도전과 간절함은 없었을 것이다. 피구는 누구도 쉽게 할 수 없는 경험과 무엇과도 바꿀 수 없는 추억을 남긴다. 이제 나는 아무리 힘든 일이 있어도 '피구 우승도 했는데 뭘 못하겠어!' 하는 생각이 든다.

– 마산무학여고 레전드3기 주장 신○수

◇ 피구를 하면서 가장 좋았던 것은 친구랑 선배, 후배 등 다양한 사람을 만나 볼 수 있다는 것이 좋았다. 같이 한 팀으로 운동을 하면서 다른 친구들보다 더 가까운 사이가 된다는 것도 좋고, 한 팀에 소속이 되어 소속감을 느끼며 행동을 조심하게 된다. 같이 운동을 하면서 사회생활도 늘어나고 추억도 많이 쌓을 수 있어서 좋았다. 그리고 담당 선생님과 함께 운동하면서 다른 선생님들과 친해질 수 있는 계기가 생겨나서 좋은 것도 있었다. 운동을 꾸준히 하기 힘든데 피구부를 하면서 전국 1위라는 목표가 생겨나니 운동도 꾸준히 하게 되고 건강해지는 것 같아서 좋다. 시대회, 도대회, 전국대회 등 다양한 대회를 나가면서 경기 간에 지켜야 할 플레이, 배려 등에 대해 알게 돼서 좋았고 다른 친구들은 할 수 없는 것들을 할 수 있어서 좋았다.

– 마산무학여고 레전드4기 주장 이○정